C'est un poète & un ami des poètes, il sera bientôt le vôtre, car il vous admire déjà, & c'est par l'admiration qu'ont toujours commencé les amitiés intelligentes.

Mery

SAMSON AGONISTE

PAR

JOSEPH D'AVENEL.

---⊕---

PARIS,
Jacques LECOFFRE, Éditeur, rue du Vieux-
Colombier, 29.

PRÉFACE.

Nous empruntons les pages qui suivent à notre *Histoire de la Vie et des Ouvrages de Huet* (1); elles donneront une idée de la manière que nous avons adoptée en traduisant l'une des plus belles œuvres, non seulement de la littérature anglaise, mais de toutes les littératures du monde, le poëme rival du *Paradis Perdu*......

« Qu'est-ce qu'une traduction ? un portrait; or, un portrait ne vaut que s'il reproduit l'original. Qui donc, si ce n'est peut-être une petite maîtresse sottement éprise d'elle, aimera le miroir qui lui montre un teint qui n'est pas le sien, ce teint fût-il d'ailleurs le plus beau du

---

(1) *Histoire de la Vie et des Ouvrages de Daniel Huet, évêque d'Avranches,* par Joseph d'Avenel, in-8°, pages 75, 76, 77, *passim.*

monde? Eh bien! miroir imposteur, beauté achetée chez le marchand, voilà l'exacte image d'une traduction enluminée. Je prends Thucydide et Xénophon, l'un est sentencieux, serré, l'autre doux et brillant : me montrez-vous Thucydide ornementé, diffus, Xénophon incisif? je chercherai vainement Thucydide dans Thucydide, et je ne reconnais plus dans Xénophon l'abeille de l'Attique. Traduisez Aristote en périodes cicéroniennes, vous faites une caricature; si vous imitez l'oiseau intrus qui, ne se bornant pas à déposer ses œufs dans le nid d'autrui, renverse à terre la couvée légitime, vous ne traduisez plus, mais vous interpolez; vous allez retrancher cette pensée, peut-être était-ce celle-là que je désirais rencontrer, et je me vois réduit, en place d'un corps, à n'embrasser qu'un nuage.

» Qu'une allusion n'en remplace point une autre; je ne veux point vos bons mots, mais ceux de votre auteur; la traduction d'un orateur veut moins d'exactitude que celle d'un historien ou d'un grammairien; l'éloquence en effet n'est pas toute dans les choses, elle gît encore dans la marqueterie des mots; s'il s'agit d'un poëte, il faut plus de fidélité; comme l'hiver pour l'arbre, conservez-lui, sinon ses feuilles, du moins sa tige et ses racines. Le traducteur, c'est Lysippe (1); Lysippe force le bronze à reproduire les traits d'Alexandre; mais rendre le souffle de la poitrine, l'éclair du regard, le mouvement de la lèvre, le peut-il ?

» Gardez-vous bien, a dit l'avocat spirituel d'un autre système de traduction,

> Gardez-vous bien du mot à mot,
> Horace et le goût le renie,
> Tout pédant traduit comme un sot;
> C'est la grâce, c'est l'harmonie,
> Les images, la passion,
> Non le mot, mais l'expression
> Que doit rendre un libre génie ;
> Le plus fidèle traducteur
> Est celui qui semble moins l'être ;
> Qui suit pas à pas son auteur,
> N'est qu'un valet qui suit son maître. »

A la bonne heure, mais être le valet de Milton, n'a point semblé une honte au chantre des *Martyrs*.

---

(1) Lysippe était un statuaire prodigieusement fécond; si nous en croyons Pline, il mettait dans un tronc une pièce de monnaie à chaque œuvre qui sortait de son ciseau; le nombre en monta après lui à sept cents, selon les uns, et, selon les autres, à quinze cents.

Ou bien je puis lire Samson Agoniste....... Il doit avoir la tête faible ou les yeux solides celui qui peut lire sans pleurer le premier monologue de ce poëme, et particulièrement la dernière partie, celle dans laquelle le héros déplore la perte de sa vue. Milton l'a écrite d'après ses propres sensations, et sa cécité m'a souvent obscurci les yeux.

(*Sterne* inédit, chapitre 27.)

SAMSON AGONISTE [1].

PERSONNAGES :

Samson ;

Manué, père de Samson ;

Dalila, sa femme ;

Harafa de Gad ;

Un Officier public ;

Un Israélite ;

Chœur de Danites.

[1] Ou déployant sa force.

SAMSON AGONISTE.

LA SCÈNE DEVANT LA PRISON DE GAZA.

SAMSON *(un guide l'accompagne).*

Encore quelques pas; que ta main, guidant mes pieds qui marchent dans l'ombre, me conduise un peu plus loin, vers ce banc qui offre le choix du soleil ou de l'ombre; c'est là que je m'assieds d'ordinaire, alors que le hasard suspend ma tâche servile. Tous les jours, dans la commune prison, mon travail recommence; là, captif et chargé de chaînes, à peine suis-je libre d'aspirer un air qui, pesant, humide et prisonnier comme moi, se remplit de poisons. Ici je me sens mieux; l'haleine du Ciel, fraîche, pure et douce, est née avec l'aurore; laisse-moi ici respirer. Ce jour est solennel; Dagon, le Dieu de la mer, est fêté aujourd'hui; les travaux sont défendus, et, par son idolâtrie, le peuple donne sans le vouloir une trêve à mes labeurs. Je puis donc, sans que l'on s'y oppose, fuir le bruit de la foule et chercher ce lieu solitaire pour y trouver quelque repos : le repos pour mon corps, non le repos pour mon âme. Telles qu'une cohorte meurtrière de frêlons armés, mes pensées, qui ne goûtent nul calme, me trouvent-elles seules, leur essaim se rue sur moi ; elles me présentent les temps passés, ce que je fus autrefois et ce que je suis aujourd'hui. Oh ! pourquoi le Ciel par deux fois a-t-il prédit ma naissance ? Révélant sa présence divine, son ange entouré de flammes s'élança de l'autel où brûlait l'holocauste ; mon père et ma mère le virent remonter vers le Ciel dans une colonne de feu, et annoncer quelque chose de grand et d'heureux aux enfants d'Abraham. Pourquoi mille prescriptions environnèrent-elles ma jeunesse ? Pourquoi étais-je comme un homme que l'on a voué à Dieu et qui a été élu pour des exploits héroïques, s'il faut que je meure trahi, captif, aveugle de mes deux yeux ; donné, objet d'opprobre, en spectacle à mes ennemis ! si, avec cette force que m'accorda le Ciel, je dois tourner la meule sous mes chaînes d'airain? Oh ! glorieuse force, consacrée au labeur de la bête ! abaissé au-dessous de l'esclave ! L'on m'avait promis que je délivrerais Israël du joug des Philistins ; eh bien ! cherchez maintenant ce grand libérateur, vous le trouverez à Gaza tournant la meule avec des esclaves. C'est lui-même qui est enchaîné sous le joug des Philistins. Mais je m'arrête : Non, ne révoquons pas témérairement en doute la prédiction divine; si tout ce qui a été annoncé se fût accompli sans ma faute, de qui, sinon de moi-même, aurais-je le droit de me plaindre ? Ce don si grand de la force, qui m'avait été fait, je n'ai pu le garder sous le sceau du silence, je n'ai point su taire où il reposait en moi, et combien facilement on pouvait me le ravir. Lâchement vaincu par des importunités et des pleurs, j'ai tout révélé à une femme ! Oh ! infirmité de l'intelligence dans un corps plein de force ! Mais la force, qu'est-elle sans une double part de sagesse ? Sa grandeur même et son poids vous accablent : dans sa sécurité orgueilleuse, elle ne voit pas qu'elle va choir sous les plus simples artifices. Elle est faite non pour commander, mais pour obéir, alors que la sagesse lui apporte ses ordres.

Dieu, quand il me donna la force, pour montrer le peu que valait ce don, le suspendit à mes cheveux ; mais silence ! Je ne dois point disputer contre les volontés de la Providence du Très-Haut ; peut-être ici son but m'échappe-t-il, placé au-delà du point où mon regard peut atteindre : je me borne à dire que pour moi ma force même est ma mort. N'est-elle donc pas la source de mes maux, si nombreux et si grands que chacun d'eux pour le pleurer demanderait toute ma vie ? Mais, ô le premier de tous, ô perte de la lumière, c'est toi surtout que je déplore ! Aveugle au milieu de mes ennemis ! O vous, pires que les chaînes, prison, pauvreté, vieillesse ! l'œuvre première de Dieu, la lumière, elle est éteinte pour moi ! Les mille plaisirs qu'elle nous donne, qui eussent pu en partie adoucir ma douleur, sont pour moi un néant. Tombé au-dessous du plus vil des hommes ou des vers ! oui, le plus vil ici, il l'emporte sur moi ! il rampe, mais il voit. Moi, homme de la nuit, je suis exposé en pleine lumière aux tromperies, aux mépris, aux outrages, à l'injustice. En dedans des portes comme en dehors des portes, vous diriez un insensé au pouvoir d'autrui, jamais en son pouvoir. A peine semblai-je vivre à demi-mort que je suis, et plus qu'à demi-mort ! O ténèbres, ténèbres, ténèbres ! sous la flamme du midi, ténèbres que je ne puis percer, éclipse complète, sans nul espoir de jour ! O rayon créé le premier, et toi grande parole : *Que la lumière soit et la lumière fut*, d'où vient que ce décret primitif n'a plus d'effet pour moi ? Pour moi, le soleil est sombre et morne comme la lune, alors qu'elle abandonne la nuit et se cache jusqu'à son retour dans sa grotte paresseuse. Et cependant, puisque la lumière est si nécessaire à la vie, qu'elle est presque la vie même, s'il est vrai que la lumière soit dans notre âme, et que notre âme soit toute entière dans chaque partie de notre corps, pourquoi la lumière a-t-elle été bornée à un globe délicat comme notre œil, si exposé à tous les chocs et si facile à éteindre ? Pourquoi, de même que le toucher, ne siége-t-elle pas dans tout notre être, et pourquoi ne pouvons-nous voir à notre gré par chacun de nos pores ! Alors je n'eusse pas été exilé de la lumière dans cette terre de ténèbres où je n'ai plus qu'un flambeau, et je n'y vivrais pas de cette vie à moitié morte, mort vivante et déjà déposée dans la tombe ! Mais ce qui est plus triste encore, c'est que je suis mon sépulcre à moi-même, un sépulcre qui marche ; me voici enseveli ; et pourtant le privilége du cercueil et de la mort ne m'arrache point à mes souffrances et à mes maux affreux; loin de là, je ploie davantage sous les misères de la vie, d'une vie que tiennent enchaînée des oppresseurs barbares! Mais quels sont ceux-ci? J'entends des pas nombreux qui foulent le sentier; ne sont-ce point mes ennemis? Sans doute, comme tous les jours, ils veulent contempler ma peine, et peut-être y insulter pour l'aggraver encore.

(*Le Chœur entre.*)

LE CHŒUR.

Lui, c'est lui. Ne nous précipitons pas et demeurons calmes un moment. O changement qui dépasse tout ce que l'on peut raconter, imaginer ou croire! voyez comme il gît nonchalamment étendu : rien ne soutient sa tête; elle tombe languissante comme un espoir qui s'en va et que lui-même abandonne. A son costume, on reconnaît un esclave, et ses habits de deuil tout souillés se détachent en lambeaux. Mais quoi! mes yeux ne me tromperaient-ils pas? Se peut-il donc que ce soit là ce héros renommé, cet indomptable Samson? N'eût-il point eu d'armure, ni la bête féroce la plus cruelle, ni l'homme le plus robuste n'eussent pu lui résister; il déchirait le lion de même que le lion déchire le chevreau. Sur les armées rangées en bataille et revêtues de fer, il se ruait, et désarmé, il faisait de leurs armes un objet de risée. A quoi servaient contre lui les boucliers d'airain, les lances, les cuirasses forgées, l'acier trempé par les Chalibes, et les cottes de mailles plus solides que les diamants? Heureux qui était loin, alors que dans sa marche foudroyante, s'avançant insoucieux des armes vaillantes et des panoplies formidables, dédaigneusement il jetait par troupeaux à la mort ceux-là qui les portaient ; le brave Ascalonite fuyait le choc de ce lion ; les vieux guerriers, sentant son pied formidable, tournaient leurs dos cuirassés, ou renversés par lui, ils souillaient dans la poussière le panache de leurs casques.

Une arme bien peu noble, la mâchoire d'un âne mort, tombait entre ses mains, et avec cet os, qu'il transformait en glaive, dans Ramath-lechi, lieu aujourd'hui fameux, il renversait mille incirconcis, la fleur de la Palestine. Bientôt, grâce à sa force incomparable, arrachant les portes, les poteaux et les lourdes barrières de Gaza, il les portait sur ses épaules jusqu'aux collines d'Hébron, demeure des vieux géants, et pendant cette course, que l'on aurait pu faire durant un jour de sabbat, il conservait son fardeau, semblable à celui que les Gentils nous montrent soutenant le Ciel.

Que déplorerai-je d'abord, ou ton esclavage ou ta cécité ? Une prison dans une prison, d'inséparables ténèbres ; te voilà devenu, ô le plus affreux des cachots, ta propre geôle à toi-même ; ton âme (ce dont les hommes qui jouissent de la vue se plaignent souvent à tort), ton âme, vraiment captive, habite réellement dans la nuit de ton corps : elle ne reçoit plus la lumière extérieure, et l'on dirait qu'elle se confond avec les sombres ténèbres ; car hélas ! la lumière intérieure ne fait jaillir aucun rayon qui arrive jusqu'à notre œil. O miroir de notre sort si plein de vicissitudes ! Depuis cet homme, auquel la terre ne peut rien comparer, fut-il jamais un plus frappant exemple! Tu n'avais point ton égal sous le Ciel, et voici, ô le plus fort des mortels, que du sommet de ta merveilleuse gloire, tu es tombé dans l'abîme de l'abjection et de la misère ; car pour moi, il n'est point placé sur un haut sommet celui qu'élèvent une longue suite d'aïeux et les brillantes sphères de la fortune; mais tu étais monté haut, toi dont la force couronnée unanimement par les louanges les plus élevées eût pu, grâce à la vertu, sa compagne, soumettre l'univers.

SAMSON.

J'entends comme des paroles, mais l'air les sépare et ne leur laisse pas former un sens avant qu'elles n'arrivent à mon oreille.

LE CHOEUR.

Il parle, approchons-nous; ô toi, dont rien n'égalait la force, jadis la gloire d'Israël et son deuil aujourd'hui, nous tes amis et tes voisins, nous ne te sommes pas inconnus; nous venons d'Eshtaol et des fertiles vallées de Zora, pour te voir ou pour pleurer sur toi; ou bien si tu le préfères, nous pouvons apporter comme un remède à tes maux des consolations et des conseils : des paroles convenables calment l'orage d'un cœur qui s'enfle et qui se trouble; elles sont comme un baume pour des blessures qui saignent.

SAMSON.

Votre arrivée me ranime, ô mes amis, car j'apprends maintenant, non par ouï dire, mais par ma propre expérience, quelle fausse monnaie sont ceux-là qui portent le titre d'amis. (Ce que je dis-là, je veux qu'on l'entende du plus grand nombre d'entr'eux.) Aux jours prospères, ils accourent par essaims, mais, aux jours du malheur, ils retirent leurs têtes, et si vous les cherchez, vous ne les trouvez plus! Vous voyez, ô mes amis, que de maux ont formé comme une ceinture autour de moi ; eh bien ! celui qui me semblait le plus déplorable est celui-là maintenant qui m'attriste le moins, la cécité. Que l'on me rende la vue, couvert d'opprobres, comment oserai-je lever mes yeux ou soulever ma tête, moi qui, pilote stupide, ai laissé sombrer le navire aux agrès si brillants qui m'avait été confié, et, pour une parole, pour une larme, insensé que j'étais, ai divulgué le présent de Dieu à une femme artificieuse! Dites-moi, amis, est-il un carrefour ou je ne sois comme un fou mis en proverbe et chansonné ? ne disent-ils pas que mes maux, je les ai mérités? Et pourquoi le disent-ils cependant? S'ils pouvaient contempler en moi une force incomparable, ma prudence, à coup sûr, n'avait rien de bien rare; ah ! si ma prudence eût égalé ma force ! mais elles n'étaient point en équilibre ; j'ai été renversé.

LE CHOEUR.

Ne juge pas les décrets du Ciel ; les hommes les plus sages ont erré ; par des femmes perverses ils ont été trompés, et ils seront trompés encore, prétendissent-ils l'emporter en prudence sur tous leurs devanciers : Ainsi donc, ne t'abats point et ne t'écrase point toi-même, toi qui portes déjà si complet ton fardeau de douleurs; et cependant, pour dire ce qui est vrai, j'ai souvent vu bien des hommes s'étonner comment tu avais épousé des filles des Philistins, plutôt que des femmes de ta propre tribu, plus belles, aussi belles du moins, aussi nobles certes, et appartenant à ton peuple.

SAMSON.

Je vis la première à Timna. Sans plaire à mon père et à ma mère, elle me plut à ce point que je formai le dessein d'épouser la fille d'un infidèle. Ils ignoraient que ce que je me proposais venait de Dieu même. Pour moi, je le comprenais par un instinct secret; aussi pressai-je ce mariage où je voyais l'occasion d'entreprendre la délivrance d'Israël; tâche glorieuse à laquelle j'étais appelé par le Ciel. Cette femme me trompa; celle-là ensuite (ô que ce passé, stérile et tardif vœu, ne peut-il être aboli)! Celle-là que je pris pour épouse, ce fut dans la vallée de Sorec Dalila, le monstre séduisant, le piége déplorable auquel rien ne manquait. M'appuyant sur un premier mariage et sur mes intentions qui n'avaient point changé, je crus ne rien faire que de juste, car je n'épiais que le moment d'écraser ceux qui écrasaient Israël. Ce que je souffre maintenant, ce n'est pas elle qui en fut la première cause; non, c'est moi-même, moi qui, vaincu, ô faiblesse! par un son de paroles vain et étourdissant, livrai à une femme la forteresse de mon silence.

2

LE CHŒUR.

Toujours, j'en suis témoin, tu cherchas plein d'ardeur l'occasion de provoquer les Philistins, ces ennemis de ton peuple ; cependant, Israël est encore esclave avec tous ses enfants.

SAMSON.

Cette faute, je ne me l'attribue pas ; je la rejette sur les gouverneurs d'Israël, sur les chefs de nos tribus qui, voyant les grandes choses faites par moi seul contre leurs dominateurs, ne connurent pas ou méprisèrent la délivrance que je leur apportais ; mais, du reste, je ne mis point mon honneur à vanter mes actions ; ces actions elles-mêmes, toutes muettes qu'elles étaient, ne proclamaient-elles pas grand celui qui les avait accomplies ! Mais ils demeurèrent sourds ; ils semblaient les juger indignes que l'on s'occupât d'elles. Cependant, les Philistins, leurs maîtres, rassemblant leurs forces pour me poursuivre, pénétrèrent dans Juda. Je m'étais retiré dans les rochers d'Etahm et j'y vivais en paix ; je ne fuyais point ; je m'enquérais du lieu qui, pour les attaquer, m'offrait le plus d'avantages. Bientôt les hommes de Juda, craignant le pillage de leurs terres, m'environnèrent de toutes parts. Par un traité volontaire, je me remis entre leurs mains. M'attachant avec deux cordes, ils parurent s'applaudir de livrer à l'incirconcis la proie qu'ils convoitaient ; mais des cordes pour moi, c'était comme des fils que la flamme a touchés. Je fondis sans bouclier sur leur armée entière, et j'exterminai avec la plus faible des armes l'élite de leur jeunesse. Qui prit la fuite fut seul à vivre. Que Juda alors, qu'une seule tribu se fût jointe à moi, les tours de Gad seraient tombées dans nos mains; ils commanderaient à ceux dont ils sont les esclaves.

Mais chez les nations où la corruption est entrée, et que le vice a précipitées dans la servitude, quoi de plus commun que de préférer l'esclavage à la liberté : l'esclavage avec le bien-être, a la liberté qui exige la valeur; de mépriser, d'envier ou de suspecter celui que Dieu, par une faveur spéciale, leur suscite comme leur libérateur. S'il lui est donné de mettre la main à l'œuvre, que de fois elles l'abandonnent et couvrent d'ingratitude ses actions les plus belles.

LE CHOEUR.

Tes paroles me rappellent comment Soccoth et la forteresse de Phanuel méprisèrent leur grand libérateur, l'intrépide Gédéon, alors qu'il poursuivait Madian et ses rois vaincus, et comment l'ingrat Ephraïm eût traité Josué qui, par son bouclier et sa lance, défendit Israël contre les Ammonites, si la valeur de ce héros n'eût dompté leur orgueil dans le combat terrible où succombèrent tant d'hommes massacrés faute de pouvoir prononcer le nom de Shibboleth.

SAMSON.

A ces exemples vous devez ajouter mon exemple; certes mes concitoyens pouvaient me mépriser, mais mépriser la délivrance que Dieu leur apportait, le pouvaient-ils ?

LE CHŒUR.

Justes sont les voies de Dieu, et elles se justifient devant les hommes, à moins qu'il ne soit des hommes qui pensent que Dieu n'est pas. S'il en est, ils marchent dans la nuit ; car d'une telle doctrine, sous le Ciel, l'école ne fut jamais que le cœur de l'insensé, et nul ne l'enseigna à l'homme que l'homme lui-même.

Mais ils sont nombreux ceux qui, doutant de la justice de ses voies, les jugent opposées à ses propres commandements ; ceux-là, oubliant qu'ils diminuent sa gloire, abandonnent les rênes à leurs pensées vagabondes; s'enlaçant dans leurs perplexités, ils se brouillent et s'enfoncent de plus en plus dans le sombre labyrinthe ; mais ils ne trouvent point la solution qui pourrait les satisfaire.

Voudraient-ils donc donner des bornes à l'infini et l'enchaîner à ses décrets ! Il a fait nos lois pour nous lier, non pour se lier lui-même. Par son choix, il a bien le droit sans doute de ne point faire peser sur qui il lui plaît des prohibitions faites pour tout un peuple; la tache du péché, la dette légale disparaissent pour celui qu'il dispense, et les lois qu'il fait, il peut en exempter. S'il en était autrement, lui qui ne manquait pas de moyens justes pour délivrer son peuple de ses ennemis, il n'eût pas porté ce Nazaréen héroïque à rechercher en mariage, contre son vœu de chasteté sévère, cette femme perfide qui n'avait ni chasteté ni honneur.

Ainsi cesse de t'élever, ô raison ; abaissez-vous raisonnements vains ; et la raison toutefois pourrait alléguer ici qu'un verdict moral a absous cette femme pour ce temps-là. Elle cessa plus tard d'être chaste, mais cette tache fut la sienne, et non la tienne ô Samson !

Mais regarde ; voici que d'un pas grave s'avance ton vénérable seigneur, le vieux Manué ; ses cheveux sont blancs comme le duvet de l'oiseau : avise sans tarder comment tu l'accueilleras.

SAMSON.

Malheur à moi ! une autre douleur, réveillée par ce nom que vous avez prononcé, vient de nouveau m'assaillir.

MANUÉ.

Hommes de Dan, mes frères, car vous semblez être de Dan, quoique ce lieu n'ait point l'habitude de vous voir, si, comme je le suppose, un vieux respect pour mon fils, votre ami, jadis glorieux, maintenant captif, a conduit ici vos jeunes pas, tandis que les miens, appesantis par l'âge, demeuraient en arrière, dites-moi s'il est ici ?

LE CHOEUR.

Aussi remarquable au fond de son abaissement qu'autrefois dans sa grandeur, voyez où il repose.

MANUÉ.

O changement déplorable, voilà cet homme si renommé au loin, la terreur des ennemis d'Israël, l'invincible Samson. Avec une force égale à celle des anges, il traversait leurs cités sans que nul osât le défier au combat ;

leurs armées se déployaient dans un ordre formidable, il les attaquait seul. Lui, lui seul n'était-il pas une armée? et maintenant, il ne pourrait se défendre lui-même contre le lâche, ceint de ses armes, qui se tiendrait éloigné de lui de la longueur d'une lance. O confiance dans la force de l'homme qui ne cesse point de nous abuser! Qu'y a-t-il dans l'homme qui ne soit trompeur et vain ! Est-il un bien qui, demandé par nous, n'entraîne bien souvent notre malheur et notre perte ?

J'ai demandé des enfants, et j'ai considéré comme un opprobre la stérilité dans le mariage; j'ai obtenu un fils, et tel était ce fils que tous les hommes me proclamaient heureux. Et maintenant, en ma place qui voudrait se voir père? O pourquoi Dieu, comme une éclatante bénédiction, m'accorda-t-il ma requête? Pourquoi ses dons appellent-ils nos désirs, provoquent-ils nos prières les plus ardentes, puisqu'accordés d'une main solennelle comme des grâces, ils cachent derrière eux la queue du scorpion? Est-ce pour cela que l'ange est descendu deux fois? Est-ce pour cela qu'il ordonna d'élever dans la sainteté, ainsi qu'une plante choisie et consacrée, plein de gloire pendant un temps celui qui était un miracle entre les hommes, et qui en un instant pris dans le piége, attaqué, vaincu, lié, entraîné, la risée de ses ennemis, captif, pauvre et aveugle, a été jeté dans un cachot pour y partager la corvée des esclaves. Hélas! il me semble que lorsque Dieu a une fois choisi un homme pour les actions les plus nobles, s'il le voit s'égarer, emporté par sa faiblesse, il ne devrait pas, ne fût-ce que pour l'honneur des premiers exploits d'un héros, l'accabler ainsi comme un esclave sous ces souillures et ces indignités.

SAMSON.

O mon père ! ne juge pas les décrets du Ciel. De tous ces maux, il n'en est pas un seul qui, injustement, soit tombé sur moi ; c'est moi qui les ai appelés ; leur seul auteur, leur seule cause, c'est moi. Si l'état où je suis vous semble vil, aussi vile a été ma folie ; elle a profané le mystère du Seigneur, qui m'avait été confié sous le sceau d'un vœu ; elle l'a traîtreusement livré à une femme, à une Cananéenne, mon ennemie perfide : je le savais, je n'ai donc point été surpris ; de trop nombreuses épreuves ne m'avaient-elles pas éclairé ? Cette femme de Timna n'avait-elle donc pas commencé par me trahir ? Sur ces hauteurs de l'amour nuptial où elle feignait de s'élever, arrachant le secret de mon cœur, ne l'avait-elle pas porté soudain à ces rivaux qui m'épiaient ? M'a-t-elle été plus fidèle cette autre femme qui, elle aussi, dans la fleur de son amour, dans les embrassements souillés par le contact d'un or que je m'étais borné pourtant à lui offrir par une main étrangère, conçut, comme un premier fruit de l'adultère, sa trahison envers moi ?

Trois fois, par des prières séduisantes, des soupirs, des reproches amoureux, elle tenta de m'arracher ce secret où était lié ma vie ; elle voulut savoir à quelle partie de mon être était attachée ma force, et trois fois je me jouai en l'abusant de ses importunités. Chaque fois, je reconnaissais avec quelle impudence elle songeait ouvertement à me trahir (et ce qui était pire qu'une haine franche), avec quel mépris elle voulait faire de moi un traître envers moi-même.

La quatrième fois pourtant, comme elle rassemblait toutes ses ruses, et qu'avec ces propos caressants, qui sont les armes de la femme, elle poursuivait, et le jour et la nuit, les perfides assauts de sa langue, épuisé de veilles, accablé de lassitude, dans un moment où les hommes cherchent davantage le calme et le sommeil, je cédai et je lui ouvris tout mon cœur. Un seul grain de fermeté et de courage, j'eusse facilement brisé ses piéges ; mais ma faiblesse insensée me faisait son esclave et me tenait sous son joug ! O indignité qui outrageait l'honneur et la religion ! ô servile esprit qu'une punition servile a récompensé dignement ! Le degré d'abaissement où je suis tombé, ces haillons, cette meule que je tourne sont encore au-dessus de ma première servitude, ignoble, indigne d'un homme, ignominieuse, infâme, véritable esclavage, et cette cécité-là était pire que celle d'aujourd'hui, puisqu'elle ne voyait pas l'opprobre de ses fers.

MANUÉ.

Je ne puis louer, ô mon fils ! le choix de tes épouses ; je le désapprouve bien plutôt ; mais tu allègues l'inspiration d'en haut qui te poussait à chercher les occasions de détruire nos ennemis. Sur cela je n'ai rien à dire ; ce dont je suis sûr, c'est que par là nos ennemis ont trouvé le moyen de te faire leur prisonnier et de triompher de toi. Toi-même, tu as rencontré plus tôt et cette tentation et ces irrésistibles charmes qui t'ont fait violer le dépôt sacré du silence déposé dans ton sein; tu pouvais le conserver, il est vrai, et tu ne portes que trop le poids de cette faute. On t'en a demandé le compte sévère; tu l'as payé amèrement et tu le paies encore. Mais ce qu'il y a de plus dur reste à venir encore. Aujourd'hui, les Philistins célèbrent dans Gaza une fête populaire; avec une grande pompe et d'orgueilleux cantiques, ils offrent un sacrifice à leur Dieu Dagon, qui, te livrant, ô Samson! captif et aveugle entre leurs mains, les délivre des tiennes baignées tant de fois dans leur sang. Ainsi, Dagon sera glorifié, et le Dieu, en dehors duquel il n'est point de Dieu, il sera comparé aux idoles, humilié, blasphèmé, outragé entre les coupes de cette foule idolâtre! Que ce soit par toi que ces choses adviennent, voilà, ô Samson! ce que j'estime le plus pesant de tes maux, le plus cruel opprobre qui pût fondre sur toi et sur la maison de ton père.

SAMSON.

O mon père! je reconnais et je confesse que ces honneurs, ces pompes, c'est à moi que Dagon les doit; c'est moi qui ai porté sa gloire et si haut et si loin au milieu des païens; j'ai appelé sur Dieu le déshonneur et l'outrage; j'ai ouvert la bouche des idolâtres et des athées; j'ai causé un scandale en Israël; j'ai fait naître la défiance envers Dieu, le doute en de faibles cœurs, déjà trop portés à chanceler, à faillir et à s'allier aux idoles. Voilà la plus grande de mes peines, ma honte, mon tourment, l'angoisse de mon âme, qui ne permet pas à mes yeux de recevoir le sommeil et à mes pensées de goûter le repos. Un seul espoir me soutient : pour moi, le combat est fini désormais ; toute la lutte est maintenant entre Dieu et Dagon. Moi vaincu, Dagon se flattait d'entrer en lice avec Dieu. Sa divinité, il la comparait à Dieu ; il l'élevait au-dessus du Seigneur d'Abraham. Dieu ne souffrira pas, soyez-en sûr, qu'on le provoque ainsi. Il se lèvera et il défendra son nom auguste. Dagon sera abaissé, et il subira avant peu une telle défaite que, dépouillé de ses trophées conquis sur moi, qui lui inspirent tant d'orgueil, il fera pâlir de honte tous ses adorateurs.

MANUÉ.

C'est avec justice, ô mon fils ! que cette espérance te soutient, et j'accueille tes paroles comme une prophétie : rien n'est plus certain, Dieu ne tardera pas long-temps à venger la gloire de son nom contre quiconque la lui dispute, et il ne laissera pas long-temps dans le doute qui est le Seigneur, ou Dieu ou Dagon. Mais que ferons-nous pour toi ? Tu ne dois point, oublié ici, sans que nul songe à toi, demeurer en cet état dégradant et déplorable. Déjà j'ai pu aborder quelques-uns des Philistins pour traiter avec eux de ta rançon. N'ont-ils donc point satisfait leur vengeance par ces maux, par cet esclavage pire que la mort, infligés à celui qui désormais ne saurait plus leur nuire, et ne l'ont-ils pas portée jusqu'aux limites dernières ?

SAMSON.

Epargnez-vous ces requêtes, ô mon père! Epargnez-vous les soucis de ces sollicitations. Laissez-moi ici, comme je le mérite, m'acquitter par mon châtiment, et, s'il est possible, expier l'indiscrétion, le crime qui me fait rougir. Si j'avais révélé les secrets des hommes, les secrets d'un ami, combien une telle action eût paru haïssable, digne de la honte et du mépris universel! Toute amitié eût fui loin de moi, repoussé le bavard stupide, et marqué son front du signe des insensés. Eh bien! c'est la pensée de Dieu que je n'ai point gardée. Dans ma présomption impie, ou du moins dans ma faiblesse honteuse, j'ai publié ses mystères sacrés, et c'est là un crime que, dans leurs allégories, les Gentils plongent dans les abîmes et punissent d'affreuses peines.

MANUÉ.

Repens-toi et pleure sur ta faute; mais que ton affliction propre ne soit pour rien dans ce que tu vas faire. Déplore ton péché, mais si tu peux en éviter le châtiment, le soin de toi-même te l'ordonne. Laisse du moins agir la volonté d'en haut; que ce soit la volonté d'un autre, et non la tienne, qui te fasse payer l'amende de ton crime. Peut-être Dieu se laissera-t-il toucher et te remettra-t-il ta dette. Ce qu'il aime surtout, c'est une humble et filiale soumission; il accueille et il a pour agréable bien plutôt celui qui, implorant merci, lui demande la vie, que celui qui, sévère pour lui-même, choisit la mort comme méritée, raisonne sur la justice et se déplaît à lui-même, plutôt parce qu'il s'est offensé lui-même que parce qu'il a offensé Dieu. Ne repousse donc point les ressources qui te sont offertes. Qui sait si Dieu ne les a point mises devant toi pour te rendre à ton foyer, à ta patrie et à sa maison sainte, pour te permettre ainsi de lui porter tes offrandes, et par des prières, des vœux réitérés, de détourner loin de toi les suites de sa colère?

SAMSON.

Son pardon, je l'implore; mais pour ma vie, à quelle fin voudrais-je la conserver? J'ai, par ma force, surpassé tous les mortels. Grand dans mes espérances, animé du courage de la jeunesse et de ces pensées magnanimes que peuvent inspirer une naissance annoncée par le Ciel, et des exploits brillants remplis de l'inspiration divine, j'avais dépassé par des actes véritablement héroïques les terribles fils d'Enac. Entouré de gloire et d'éclat, insoucieux du danger, et tel qu'un petit dieu, je marchais admiré de tous sur le territoire de nos ennemis, sans que nul parmi eux songeât à me résister. C'est alors qu'enflé d'orgueil, je tombai dans le piége que me tendait un œil aussi beau que perfide, suite funeste de l'amour! Amolli par le plaisir et par une vie de volupté, je finis par abandonner ma tête et le gage sacré de toute ma force aux genoux impurs d'une courtisane artificieuse: elle me ravit, comme on ferait à un agneau apprivoisé, ma toison précieuse; puis, me raillant, elle me jeta dépouillé, tondu et désarmé, au milieu de mes ennemis.

LE CHOEUR.

Cette passion du vin et de tous les breuvages délicieux qui triompha de tant d'illustres guerriers, tu sus la vaincre, toi, et la rouge liqueur qui, versée de l'amphore, bondit et pétille, séduisant tout ensemble notre odorat et notre palais, réjouissant les dieux et les hommes, ne put jamais te faire renoncer à l'onde fraîche et brillante.

SAMSON.

Partout où, sous le rayon du matin, la fontaine et le ruisseau coulaient transparents et limpides, frappés par la flèche ardente du jour, je buvais, étanchant ma soif dans leur courant plus pur que le lait, et, soudain rafraîchi, je n'enviais point le sang de la grappe à ceux que cette liqueur orageuse troublait de ses vapeurs.

LE CHOEUR.

O folie de croire que l'usage des vins les plus forts, des boissons les plus violentes, soit pour notre santé l'appui le plus solide! Dieu ne les défendit-il pas à cet athlète puissant qu'il choisissait pour l'élever au-dessus de ses rivaux, et qui ne but jamais que les breuvages de la source?

SAMSON.

Mais en quoi m'a servi cette tempérance incomplète contre d'autres séductions beaucoup plus redoutables? A quoi sert-il de faire bonne garde à l'une des portes, tandis qu'à l'autre porte, vaincu comme une faible femme, vous laissez entrer l'ennemi? Et maintenant, aveugle, abattu, raillé, déshonoré, dompté, comment et en quoi puis-je servir ma nation, accomplir l'œuvre que m'imposa le Ciel ? A quoi puis-je être utile, sinon à demeurer oisif à mon foyer? Bourdon que doivent nourrir les abeilles, je suis un spectacle ou un objet de pitié pour ceux-là qui m'abordent; vain monument de ce que je fus, le luxe de ma chevelure couvrira de nouveau ma tête et me rendra une vaine force, jusqu'à ce que le temps et l'immobilité qui paralyse nos membres m'aient réduit à une vieillesse obscure et méprisée. Laissez-moi donc travailler et gagner ici mon pain, attendant qu'une vermine impure et le rebut de la table des esclaves consument ma pauvre vie, et que la mort, souvent appelée, hâte par sa bienvenue le terme de mes maux !

MANUÉ.

Serviras-tu donc les Philistins avec ce don qui te fut formellement accordé pour que tu pusses leur nuire? Il vaut mieux demeurer sur ta couche plus qu'oisif, sans gloire, sans emploi de tes forces, brisé par les années. Dieu qui à tes prières fit jaillir une source de la terre aride pour apaiser ta soif après le choc d'une bataille, peut aussi facilement faire jaillir encore en tes yeux une lumière que tu consacrerais à le servir mieux que tu ne l'as fait jusqu'ici; oui, je me le persuade, s'il n'en devait être ainsi, pourquoi donc cette miraculeuse force qui n'a point quitté tes cheveux? Si sa puissance demeure en toi, ce n'est point sans un but quelconque, et ces dons merveilleux ne resteront pas vains.

SAMSON.

Moi, ce n'est point là l'avenir que me montrent mes pensées; elles me disent que ces globes ténébreux n'auront plus de commerce avec la lumière, et que pour moi la vie, cette autre lumière, ne durera pas long-temps, mais que bientôt l'une et l'autre feront place à une double obscurité. Ma vie s'affaisse, mes espérances s'évanouissent, et la nature au-dedans de moi semble en toutes ses fonctions comme fatiguée d'elle-même. J'ai parcouru ma carrière de gloire et ma carrière d'opprobre, je serai bientôt avec ceux qui reposent.

MANUÉ.

N'ajoute point foi à ces pressentiments qu naissent de l'angoisse de ton cœur et des noires humeurs qui troublent ton esprit. Moi du moins, je ne dois rien négliger de tout ce que je puis, comme ton père, estimer opportun. J'essaierai par une rançon ou par tout autre moyen d'obtenir ta délivrance; demeure calme cependant et laisse nos amis t'adresser quelques-unes de ces paroles qui guérissent.   (*Il sort*).

SAMSON.

Ah! ce martyre ne peut-il se borner aux blessures, aux maux du corps, à ces souffrances sans nombre que nous ressentons dans notre cœur, notre tête, notre poitrine et nos reins? faut-il donc qu'il trouve encore un secret passage jusqu'aux profondeurs de l'âme? que là il déchaîne ses fureurs? qu'il ronge les esprits les plus purs comme il ferait de mes entrailles, de mes nerfs et de tous mes membres, m'apportant des douleurs semblables, mais beaucoup plus cruelles, quoique le corps ne les ressente pas.

Mes peines ne m'attristent pas seulement comme un mal qui consume ; mais ne trouvant point de soulagement, elles fermentent et s'exaspèrent, ainsi que d'irrémédiables blessures qui s'enveniment, se corrompent, se noircissent et se gangrènent. Mes pensées, qui se font mes bourreaux, armées de pointes mortelles, déchirent tout ce qu'il y a en moi et de plus vif et de plus tendre, l'irritent, l'ulcèrent et y provoquent cette inflammation cruelle que ne sauraient calmer ni l'herbe rafraîchissante, ni les liqueurs médicinales, ni même l'haleine du printemps, alors qu'elle a passé sur la neige des montagnes. Le sommeil m'a quitté et je ne vois de remède que le baume glacial de la mort ; de là mon abattement, mes défaillances, mon désespoir et la pensée que le Ciel m'abandonne.

J'étais autrefois son nourrisson élu et bienaimé ; je lui étais réservé depuis le sein maternel, et j'avais été promis par un de ses envoyés, qui descendit par deux fois. Sous l'œil de Dieu, qui veillait à ma garde, je grandis dans l'abstinence et je sentis croître ma vigueur. C'est Dieu qui, contre les incirconcis, nos ennemis, me guida à ces grands exploits qui surpassaient la force d'un bras mortel ; et maintenant, comme s'il ne m'avait jamais connu, il m'a rejeté et livré à ses ennemis cruels, que j'avais provoqués par son ordre ; sans appui, il m'abandonne, privé de la vue que je ne puis recouvrer, ne conservant la vie que pour subir encore leur barbarie et leurs dédains. Non, je ne compte plus parmi ceux qui espèrent ; tous mes maux ne sont-ils pas sans espoir et sans remède. Une seule prière reste encore sur mes lèvres ; elle est courte et puisse-t-elle être entendue : une mort prompte qui soit le terme et le dictame de mes maux.

LE CHŒUR.

Elles sont en grand nombre les paroles des sages qui, renfermées dans les livres anciens et les livres modernes, exaltent la patience comme le plus vrai des courages ; pour que nous supportions d'un cœur ferme tous les maux, tous les hasards auxquels est exposée la frêle vie de l'homme, ils nous ont laissé leurs arguments subtils ; zélés consolateurs ; ils ont voulu, grâce à la persuasion, mettre un baume sur nos peines et sur les tortures de nos âmes. Mais au malheureux que déchirent ses angoisses, qu'importent leurs accents ? ils lui semblent et trop rudes et trop peu d'accord avec sa plainte, à moins qu'il n'y rencontre une source de consolations venues d'en haut, un rafraîchissement mystérieux qui répare sa force défaillante et relève ses esprits.

Dieu de nos pères, qu'est-ce que l'homme pour que d'une main si peu semblable ou, si j'osais le dire, si opposée à elle-même, ta Providence le conduise pendant sa course d'un jour ? Ici rien d'uniforme comme dans le gouvernement des chœurs angéliques ou des créatures inférieures, muettes, dépourvues et d'âme et de raison ; et je ne parle pas de ce troupeau des humains qui, s'égarant en liberté, se développe et meurt comme les mouches dans l'été; multitude sans nom, dont bientôt on ne se souvient plus; je parle de ceux-là que tu choisis solennellement, que tu ornas de tes dons et de tes grâces éminentes pour la gloire, pour le salut de ton peuple, pour une œuvre pleine de grandeur, qu'il ne leur est point donné d'accomplir jusqu'au bout; et, toutefois, lorsque ceux que tu ennoblis ainsi voient briller leur soleil au plus haut point du Ciel, que de fois tu détournes d'eux et ton œil et ta main, sans te rappeler tes faveurs signalées et leurs services d'autrefois.

Non seulement tu dégrades et tu replonges dans leur obscurité première, ceux-là que tu délaisses, mais, ce qui pour eux est plus terrible, tu les abaisses plus encore que tu ne les élevas; épouvantable chute, par laquelle une transgression, une simple omission semblent, aux yeux de l'homme, trop sévèrement punies; mais les temps ont changé, et voici que tu les livres au glaive des païens et des profanes, ou bien tu fais de leur dépouille la pâture des chiens et des oiseaux de proie; tu les abandonnes à la captivité, à des juges iniques ou aux arrêts d'une multitude ingrate : échappent-ils à ces maux, peut-être tu les plonges dans la pauvreté, la maladie et la souffrance, dans ces infirmités cruelles qui, défigurant leurs corps, les font vieux avant l'âge. L'homme cherche la cause de ces châtiments, et c'est sa vie coupable qui les lui a mérités; le juste et l'injuste paraissent en somme condamnés tous les deux à une même infortune, car souvent ils marchent, l'un comme l'autre, vers une fin malheureuse. Ne traite pas ainsi celui qui fut jadis ton champion glorieux, le héros qui t'a servi, l'image de ta force. Mais que demandai-je? comment déjà as-tu agi envers lui? Regarde-le dans cet état déplorable et, toi qui le peux, donne-lui la paix comme un terme à ses maux.

Mais quel est cet être? est-ce à la mer ou à la terre qu'il appartient? Vous diriez une femme à le voir suivre cette route, orné, paré, élégant, semblable à un superbe vaisseau de Tharse qui, vers les rivages de Java ou de Cadès, s'élance dans sa splendeur, avec ses palans merveilleux, ses voiles gonflées, ses banderolles ondoyantes, courtisé par tous les vents du Ciel, qui se jouent dans ses agrès. L'ambre vient nous l'annoncer par son parfum avant-coureur, et son cortège pompeux s'arrête derrière elle. Sans doute c'est quelque riche et noble dame du pays des Philistins. Mais maintenant nous la voyons de plus près, et certes ce n'est rien moins que Dalila, ton épouse.

SAMSON.

Mon épouse! celle qui m'a trahi! Qu'elle ne m'approche point.

LE CHŒUR.

Et cependant elle vient toujours; maintenant elle s'arrête les yeux fixés sur toi; ne va-t-elle point élever la voix? Non, elle penche la tête comme une belle fleur qui ploie sous la rosée; elle pleure, et les paroles qu'elle t'adresse semblent mourir dans les larmes qui tombent sur les bords de son voile de soie; mais voici que pour te parler elle fait un nouvel effort.

DALILA.

D'un pas hésitant et d'un cœur plein de troubles je suis venue, craignant encore ton ressentiment, ô Samson! Que je l'aie mérité, je ne puis que le reconnaître, et d'excuses je n'en cherche point; si pourtant (bien que cette action ait entraîné de plus fatales conséquences que je n'en prévoyais), des larmes expiaient une faute, sans être certaine d'obtenir mon pardon, je n'ai point fait, jusqu'à ce moment, de trêve avec mon deuil. L'affection conjugale, triomphant de mes frayeurs et de mes timides doutes, m'a fait venir ici; je désirais une fois encore revoir ton visage, m'enquérir de ton état, savoir si je ne parviendrais pas à alléger tes maux, à calmer ton âme par les réparations qui sont en mon pouvoir, et quoiqu'elles viennent bien tard, à contrebalancer un peu le crime de ma légèreté ou plutôt de mon malheur.

SAMSON.

Loin, loin d'ici hyène; voilà bien tes artifices accoutumés et ceux de toutes les femmes. Fausses comme toi, elles violent la foi et les serments, trompent, trahissent, puis avec la soumission du repentir supplient, implorent la réconciliation avec des remords simulés, confessent leurs fautes et promettent, feignant d'être changées, des miracles pour l'avenir;

leur repentir n'a rien de vrai, leur seul but est d'éprouver leurs époux, de voir jusqu'où va leur patience, et après l'affront de chercher le meilleur chemin pour marcher à l'assaut de leur force ou de leur faiblesse. Alors, avec plus de précautions, plus d'habileté et d'adresse, elles retombent dans leurs fautes pour se soumettre encore. C'est ainsi que bien souvent les hommes les plus sages et les meilleurs, abusés par une bonté qui ne peut rejeter le repentir et ne sait qu'oublier, sont réduits à ne porter qu'une vie de malheur, enlacés dans les replis d'un venimeux serpent, à moins que, servant de leçon à l'avenir, ils ne tombent sous ses coups comme je suis tombé sous les tiens.

DALILA.

Ecoute-moi toutefois, Samson, non que je prétende amoindrir ou atténuer mon offense, mais si tu la pèses en elle-même et sans tout ce qui l'aggrave, ou si ta juste indulgence lui sert de contre-poids, peut-être obtiendrai-je plus facilement ou ton pardon ou moins de haine. J'avouerai d'abord que ce fut chez moi une faiblesse, mais une faiblesse que tout notre sexe partage, une âpre et désolante ardeur à pénétrer un secret et à le divulguer avec une égale faiblesse; deux torts qui sont communs à toutes les femmes. Mais n'était-ce pas aussi une faiblesse de m'apprendre, pour une sollicitation importune, c'est-à-dire pour un néant, où reposaient ta force et ta sécurité. La route où j'ai marché, c'est toi qui me l'as montrée. Mais j'ai tout révélé à tes ennemis, et je n'eusse point dû le faire ? ni toi non plus confier ce secret à une faible femme. Avant que je fusse cruelle pour toi, tu fus cruel pour toi-même; que ta faiblesse donc ne s'éloigne point de ma faiblesse, puisque, se touchant de si près, elles sont de la même famille; que la tienne pardonne à la mienne. Les hommes seront pour moi des censeurs moins sévères si, dans ton indulgence, tu n'exiges pas de moi plus de force qu'il n'en fut trouvé en toi. Eh! que sera-ce si un amour, que toi tu prends pour de la haine, si la jalousie de l'amour, qui règne dans le cœur des hommes et qui, pour toi Samson, règne aussi dans mon cœur, fut la cause de ce que je fis? Je voyais l'inconstance de tes caprices, je craignais que tu ne me quittasses un jour comme celle de Timna; je cherchais donc, par tous les moyens, à augmenter ta tendresse, et avec plus de force, te retenir près de moi. Pour atteindre ce but, je ne vis rien de mieux que de mettre dans mes mains la clé de ta force et de ta vie, et par mon importunité de te dérober tes secrets. Tu me diras : pourquoi alors te vit-on les révéler? Ceux-là qui me tentèrent m'assuraient que l'on songeait seulement à te retenir sans te faire aucun mal; moi j'en étais bien aise; je savais que ta liberté t'entraînerait à des entreprises périlleuses, tandis que moi, pleine de soucis et de terreurs, sur ma couche veuve, déplorant ton absence, je demeurerais sous mon toit : ici ne redoutant plus de rivale de mon amour, je devais te posséder le jour comme la nuit, toi mon prisonnier, le prisonnier de la tendresse, non le captif des Philistins, tout entier à moi, loin des périls du dehors, qui ne te menaceraient plus.

Ces raisons, que d'autres peut-être trouveraient faibles et absurdes, sembleront bonnes aux yeux de l'amour, et si l'amour maintes fois, malgré ses intentions droites, a causé bien des maux, il a cependant obtenu toujours la pitié ou le pardon. Ne refuse donc pas de faire ce que tous les autres ont fait. Inflexible comme l'acier, ne sois pas sévère autant que tu es fort : Si par ta force tu surpasses tous les hommes, ne les surpasse pas par la colère, et prête l'oreille à la pitié.

SAMSON.

Avec quel art la magicienne, pour me reprocher mes fautes, vient dévoiler les siennes! Que la malice et non le repentir t'aient guidée jusqu'ici, voilà ce qui nous le prouve ; j'ai, dis-tu, donné l'exemple et j'ai ouvert la voie : reproche amer mais trop vrai! J'ai été traître envers moi-même avant que tu le fusses envers moi; ainsi donc, le pardon que j'accorde à ma folie prends-le pour tes actes pervers ; si tu l'aperçois impartial, sévère pour lui-même, inexorable, tu renonceras à tes prétentions, ou plutôt tu confesseras qu'elles ne sont qu'hypocrisie. La faiblesse est ton excuse, et je le crois : la faiblesse qui n'a pas su résister à l'or des Philistins. Si la faiblesse nous excuse, le meurtrier, le traître, le parricide, l'incestueux, le sacrilége ne s'en couvriront-ils pas, car tout crime est faiblesse; ainsi donc, un tel motif ne te vaudra ton pardon ni de Dieu ni d'un homme. Mais l'amour t'a entraînée? dis plutôt une furieuse rage de satisfaire tes convoitises. L'amour veut conquérir l'amour, et mon amour pouvais-tu l'espérer, toi qui agissais de façon à provoquer en moi d'inexorables haines, au moment où j'apprendrais, comme cela était infaillible, que tu m'avais trahi? C'est donc inutilement que tu t'efforces de couvrir la honte avec la honte; tes vains subterfuges donnent encore plus de relief à ton crime!

DALILA.

Puisque ni chez l'homme ni chez la femme tu ne veux voir d'excuse dans la faiblesse, bien que par là tu te condamnes toi-même, apprends quels assauts je soutins avant que je consentisse et quels piéges me circonvinrent. Certes les plus intrépides, les plus fermes des hommes auraient pu, sans honte, céder à ces attaques. Non ce ne fut point l'or, comme tu m'en accuses, qui me détermina; tu sais que les magistrats, les princes de mon peuple vinrent eux-mêmes vers moi, qu'ils me sollicitèrent, me commandèrent, me menacèrent, me pressèrent et m'adjurèrent par tous les motifs de patrie et de religion. Dans leurs instances, ils me montraient combien il était juste, combien honorable et glorieux de tromper l'ennemi commun, celui qui avait détruit un si grand nombre de nos concitoyens; et le prêtre lui-même ne demeurait pas en arrière; sa voix incessamment résonnait à mon oreille; il me disait quels mérites j'acquierrais près des dieux en trompant l'impie contempteur de Dagon. Et qu'aurais-je pu opposer à des arguments si forts? Seul et bien longtemps mon amour pour toi résista silencieusement et opiniâtrement, combattant tous ces motifs ; mais enfin, cette vieille maxime, si commune et si vantée dans la bouche des sages, qu'au bien public doivent céder les intérêts privés, s'empara de moi entièrement, et fit prévaloir en moi sa grave autorité. Ce que j'ai fait, la vertu, je le pensais du moins, la vérité, le devoir me commandaient de le faire.

SAMSON.

Ah! je supposais bien que là aboutiraient tes détours et tes ruses : à des simulacres de religion, à une franche hypocrisie ; mais si ton amour, si odieusement feint, avait été sincère ainsi qu'il devait l'être, il t'eût certes inspiré des raisonnements bien éloignés de ceux-là, et t'eût portée à des actes bien différents des tiens ; te préférant à toutes les filles de ma tribu et de ma nation, je te choisis au milieu de mes ennemis, et, comme tu l'as trop éprouvé, j'allai pour toi trop loin dans mon amour. Tous mes secrets, je les versai dans ton sein, non par légèreté, mais vaincu par tes prières ; je ne pouvais rien te refuser, bien que maintenant tu ne vois en moi qu'un ennemi. Pourquoi m'épousais-tu ? Alors, comme plus tard, l'on savait que j'étais l'ennemi de ton peuple, et une fois mon épouse tu devais abandonner pour moi et famille et patrie ; je n'étais point leur sujet, ils n'étaient point mes maîtres ; mon maître à moi, c'était moi-même, et quant à toi, tu étais à moi et non à eux. Si ton pays te demanda quelque chose contre ma vie, il te le demanda injustement, contre la loi de la nature et la loi des nations ; ce n'était plus ta patrie dès lors, mais une bande impie de conspirateurs défendant leur république, non par des hostilités, mais par des actes qu'il faut placer bien au-dessous; n'allaient-ils pas ainsi contre les fins secrètes qui, de notre patrie, font pour nous un nom si cher ; ils ne devaient donc pas être obéis. Mais ce fut le zèle qui te poussa, et tu fis ces choses pour plaire à tes dieux! Des dieux impuissants à se venger eux-mêmes, des dieux qui, pour punir leurs ennemis, emploient des armes indignes d'un Dieu, négation de leur divinité même, ne peuvent être des dieux; l'on ne doit donc ni leur plaire, ni leur obéir, ni les craindre. Ces faux prétextes dont tu colores ton crime s'évanouissent dans tes mains; te voilà nue sous ta faute, et que tu es hideuse!

DALILA.

Si elle discute avec des hommes, une femme a toujours tort, quelque puisse être sa cause.

SAMSON.

Sans doute, puisqu'elle manque ou de mots ou d'haleine, témoin le jour où tu m'assourdis du vain bruit de tes paroles.

DALILA.

Je fus insensée et téméraire; complètement déçue dans ce dont j'attendais le succès le plus heureux : Samson pardonne-moi! souffre que je montre comment je prétends réparer le mal que je te fis, grâce à de funestes conseils ; mais ce qui demeure irremédiable, ne le supporte pas avec trop d'amertume, et ne persiste pas plus longtemps à te désespérer en vain. Quoique la

vue nous soit enlevée, la vie n'a-t-elle pas
encore bien des consolations, lorsque nos autres
sens apportent leurs jouissances à notre foyer
paisible, étranger à tous ces soucis et à tous
ces hasards qu'en dehors de lui et grâce à
leurs yeux les hommes rencontrent tous les jours?
J'intercéderai près de mes maîtres, et ils me
prêteront, je n'en doute pas, une oreille favorable. Je t'arracherai à cette affreuse prison; tu
demeureras à mes côtés, en un lieu où mon
amour redoublera pour toi, avec mes soins et
mon zèle; remplir ce devoir sera mon bonheur :
Ne m'occupant que de toi jusqu'à tes vieux ans,
je jetterai tant de charmes et de consolation sur
ta vie que tu regretteras moins ce que, par moi,
tu as perdu.

SAMSON.

Non, non, ne t'inquiète point de mon sort,
cela ne te sied pas ; toi et moi, il y a longtemps
que nous sommes deux ; ne me crois pas si
imprudent et si maudit que de nouveau j'aille
me jeter dans le piége où déjà ont été pris mes
pieds. Je connais, quoique cette science me
coûte cher, les embûches et les lacs perfides
qui forment ton cortège; ta belle coupe enchan-
tée et tes attraits séduisants n'ont plus sur moi
d'empire; leur pouvoir est anéanti; j'ai assez
emprunté de sa prudence au serpent, pour
prémunir mon oreille contre tes sortilèges. Si
dans la fleur de ma jeunesse et de ma force,
alors que les hommes m'aimaient, m'honoraient
et me redoutaient, toi seule tu pus, moi ton
époux, me haïr, te jouer de moi, me vendre et

m'abandonner, comment me traiterais-tu aujourd'hui que je suis aveugle et si facile à tromper, ne pouvant en mille choses, de même qu'un enfant, m'être à moi-même d'aucun secours, dédaigné par conséquent, méprisé et délaissé? à quelles insultes, à quelle trahison ne te porterais-tu pas si, trop débonnaire époux, je consentais à vivre, jouet de ton caprice, en un entier esclavage. Toutes mes paroles, toutes mes actions, tu t'en irais les redire à tes maîtres pour qu'ils les commentassent et d'un froncement de sourcil en fissent la censure. J'estime cette prison la maison de la liberté, quand je la compare à la tienne, dont mes pieds jamais ne franchiront le seuil.

DALILA.

Laisse-moi du moins m'approcher, laisse-moi toucher ta main.

SAMSON.

Non, si tu tiens à la vie; un souvenir cruel réveillerait soudain ma rage et, membre par membre, je te déchirerais. De loin je te pardonne : retire-toi avec cela, pleure et ta fausseté et les pieuses actions qu'elle engendra; elles te rendront fameuse entre les femmes illustres et les épouses fidèles ! Bénis ton veuvage ; l'or l'a hâté, l'or qui fut la solde de la trahison conjugale : voilà mon adieu !

DALILA.

Je vois que tu es implacable, plus sourd aux supplications que les vents et les mers ; car les vents font enfin leur paix avec les mers, les mers avec leurs rivages; mais toi, ton courroux implacable ne cesse de gronder, éternelle tempête que rien ne calmera. Mais alors pourquoi m'humilier ainsi, implorer la paix pour ne recueillir que le dédain et la haine, me voir repousser avec des prophéties sinistres et le stigmate de l'infamie que l'on présage à mon nom ; désormais, je renonce à me mêler de tes actions et aussi à jeter sur les miennes un blâme trop sévère. Si elle n'a deux visages, la renommée a deux bouches, et le plus souvent c'est avec des rumeurs contradictoires qu'elle publie nos actions. Sur ses deux ailes, l'une noire, l'autre blanche, elle porte les plus grands noms dans sa fuite éternelle. Peut-être parmi les circoncis, à Dan, en Juda et chez les tribus voisines, mon nom, tenu pour infâme, ne sera-t-il prononcé qu'avec des malédictions, flétri comme le symbole des perfidies conjugales ; mais dans ma patrie, dont le suffrage m'est le plus cher, à Écron, à Gaza, à Asdod et Gad, exaltée dans les fêtes solennelles, célébrée pendant ma vie et après ma mort, je verrai mon nom mêlé aux noms des plus illustres femmes. Pour sauver d'un ennemi farouche ma patrie désolée, n'est-ce pas moi qui sus briser et fouler sous mes pieds les liens du mariage? tous les ans, mon tombeau recevra des parfums et des fleurs ; je serai entourée de gloire comme sur le mont Ephraïm Jaël, qui dans sa fourbe inhospitalière, frappant Sisara endormi, plongea un clou dans sa tempe. A recevoir ces marques d'honneur, ces récompenses accordées au dévoûment que, dans l'opinion générale, je témoignai à mon pays, je ne verrai rien d'odieux ; si quelqu'un en murmure et s'en montre jaloux, contente de mon partage, je l'abandonne au sien.

LE CHOEUR.

Elle est partie, le serpent s'est montré à son dard ; jusqu'ici il s'était déguisé, maintenant il se dévoile.

SAMSON.

Qu'elle s'en aille ; Dieu l'a envoyée pour m'humilier, pour me faire sentir ma folie, qui confiait à une telle vipère le saint dépôt de mon secret, de mon salut et de ma vie.

LE CHOEUR.

Et pourtant la beauté, même alors qu'elle nous fut fatale, possède un étrange pouvoir ; et quand elle revient après l'offense pour reconquérir un amour qu'elle posséda, difficilement pouvons-nous la repousser sans ressentir au-dedans de nous de grands troubles et les aiguillons secrets d'un remords amoureux.

SAMSON.

Souvent, dans une douce réconciliation, se terminent les querelles de l'amour, mais non la trahison conjugale qui s'attaque à notre vie.

LE CHOEUR.

Ce ne sont ni la vertu, ni la sagesse, ni la valeur, ni l'esprit, ni la force, ni la grâce des traits, ni l'étendue du mérite qui peuvent conquérir l'amour d'une femme pour le conserver long-temps. Quoique ce soit, c'est chose difficile à dire, plus difficile à rencontrer, et, de quelque manière que nous l'envisagions, assez semblable, Samson, à ton énigme ; que l'on y rêve un jour ou bien sept jours entiers, l'on n'en peut pas trouver le nœud.

Si c'était l'un de ces dons ou bien leur assemblage, ta fiancée de Timna ne t'eût pas préféré si vite l'ami indigne d'être mis en parallèle avec toi, et qui te succéda néanmoins dans ta couche. Toutes les deux, d'un cœur si pervers, n'eussent point rompu leur union, et cette dernière, si traîtreusement, n'eût point coupé sur ta tête cette moisson fatale. Est-ce donc parce que les grâces du dehors furent prodiguées à leur sexe que les dons intérieurs, comme si on n'avait point pris le temps de les amener à leur perfection, demeurent inachevés. Borné fut leur jugement; leur capacité ne s'éleva point jusqu'à saisir et apprécier ce qui doit fixer notre choix, et elle ne sert bien souvent, entre tous les partis, qu'à prendre le plus mauvais. Trop d'amour propre fut-il mêlé à leur substance ou bien nulle racine de constance ne put-elle se fixer en leur âme qu'elles ne savent rien aimer ou ne rien aimer longtemps?

Quoi qu'il en soit, aux yeux des plus sages et des meilleurs des hommes, elles semblent d'abord toutes célestes sous le voile virginal, douces, modestes, aimables et décentes; mais une fois unies à vous, elles se montrent toutes contraires, une épine dans votre cœur, un mal qui s'attache à vos flancs et vous ronge au-dedans sans que vous puissiez vous défendre ; elles vous troublent et vous arrêtent dans le chemin qui vous mène à la vertu ; égaré et asservi par leurs charmes, leurs discours insensés vous entraînent, et votre intelligence, qui se déprave, vous conduit à des actes fous et honteux, qui n'aboutissent qu'à la ruine ; le plus habile pilote doit nécessairement faire naufrage lorsqu'un semblable timonier se tient près de lui au gouvernail.

Il est le favori du Ciel celui qui trouve cette chose rare, une femme vertueuse, conspirant avec lui au bonheur domestique. Heureuse est cette maison-là et doux le chemin qui la mène à la paix ; mais la vertu qui rompt tous les obstacles et qui sait repousser toutes les tentations est celle-là aussi qui resplendit davantage et qui doit trouver là-haut le plus favorable accueil.

Aussi Dieu, par une loi universelle, donna-t-il à l'homme un pouvoir despotique sur la femme qui lui doit le respect, et de ce droit il convient que, ni pour son sourire, ni pour ses larmes, il ne se départisse pas un instant. C'est ainsi qu'il empêchera le désordre d'envahir sa vie entière, et que, réprimant les usurpations de la femme, il ne se laissera ni gouverner, ni effrayer par elle. Mais ne convient-il pas que nous nous retirions, je vois d'ici un orage.

SAMSON.

Souvent les beaux jours appelèrent et le vent et la pluie.

LE CHOEUR.

Celui-ci nous apporte un autre genre de tempête.

SAMSON.

Soyez moins obscur, les jours de mes énigmes sont passés.

LE CHŒUR.

Ne t'attends plus à une voix séduisante et ne redoute plus les amorces des paroles emmiellées. Plus rude est la langue de celui qui vient ici ; je le reconnais à sa marche, c'est Harapha, le géant de Gad. Son regard est altier, comme la masse de son corps colossale et imposante. Vient-il avec la paix? Quel vent nous l'a apporté. Ici les conjectures sont plus difficiles qu'elles ne l'étaient avec la brillante Dalila, alors que je la vis se glisser dans ce chemin ; sur son vêtement je vois la paix et sur son front le défi.

SAMSON.

Que ce soit la paix ou la guerre, c'est pour moi le même homme.

LE CHŒUR.

Bientôt nous connaîtrons ce qu'il porte avec lui ; en ce moment il arrive.

(Entre Harapha.)

HARAPHA.

Samson, je ne viens pas ici, comme ceux-ci peut-être, m'apitoyer sur ton malheur ; si je le regrette, ce n'est point, je dois le dire, dans une pensée amie. Je suis de Gad, les hommes m'appellent Harapha; mon sang est aussi illustre que celui d'Og, d'Enac et des vieux

Emiens, qui furent les maîtres de Kiriathaïm. On m'a beaucoup vanté ta force prodigieuse, et les exploits que l'on te prête sont, à mes yeux, incroyables. Ce qui me fâche, c'est que jamais je n'assistai à ces combats où j'eusse pu, en champ-clos, me mesurer avec toi. Maintenant, je suis venu pour voir celui dont le renom a fait tant de chemin, observer ces muscles si redoutables et m'assurer si leur apparence répond à ce qu'on en dit.

SAMSON.

Le moyen de l'apprendre ce serait non de les regarder, mais de les éprouver.

HARAPHA.

Me défierais-tu déjà? Je te croyais dompté par les fers et par la meule que tu tournes : Oh! si la fortune m'eût conduit à ces champs où avec la mâchoire d'un âne tu accomplis, dit-on, de si grandes merveilles, moi avec d'autres armes je t'eusses contraint à te confesser vaincu, et là où l'âne gisait déjà, j'eusse laissé ton triste corps. La Palestine ainsi se serait vue enlever l'honneur des prouesses éclatantes ; un Philistin l'eût arrachée à ces incirconcis, dont ta vaillance et tes exploits ont porté le nom si haut. Cette gloire, que certes j'eusse emportée d'un duel à mort avec toi, je l'ai perdue, grâce à tes yeux que l'on t'a arrachés.

SAMSON.

Ne te vante pas de ce que tu aurais voulu faire, mais fais ce que tu eusses fait alors, et vois ce que peut ton bras.

HARAPHA.

Combattre avec un homme aveugle, je le dédaigne ; il te faudrait subir bien des purifications pour que je pusse te toucher.

SAMSON.

Trahi, vendu, voilà comme en ont usé envers moi vos honorables maîtres. Unissant toutes leurs forces, ils n'osèrent pas se mesurer contre un homme qui était seul et désarmé. Sous mon toit, où m'environnaient mille embûches, même alors que je dormais, ils n'osèrent point m'attaquer jusqu'à ce qu'ils eussent, avec leur or, acheté une femme qui viola, en me trompant, la fidélité conjugale. Ainsi donc, sans feinte et sans détour, que l'on nous désigne un étroit champ-clos ; que la vue ou plutôt la fuite ne t'y donnent pas sur moi un trop grand avantage : revêts alors tes superbes armes, ton casque, ton corcelet d'airain, ton large aubert, tes brassards, tes cuissards et tes gantelets ; ajoutes-y cette navette de tisserand qui te sert de glaive et ce bouclier à sept lances ; pour moi, n'ayant qu'un bâton de chêne, je marcherai à ta rencontre, et sur ton armure retentissante, qui ne défendra pas longtemps ta tête contre mon bras, mes coups résonneront si haut que bientôt, tandis qu'il restera un souffle dans ta poitrine, tu souhaiteras plus d'une fois te voir encore à Gad, et là, sans crainte, te vanter de ce que tu voulais faire à Samson ; mais dorénavant tu ne reverras plus Gad.

HARAPHA.

Tu n'oserais point verser le mépris sur ces armes qui, portées dans les batailles par les plus illustres héros, leur servirent à la fois d'ornement et de défense, si des charmes, de noirs maléfices, œuvre de quelque magicien, ne te servaient d'armure et ne te protégeaient par la puissance des enchantements. A t'en croire, le Ciel, à ta naissance, attacha la force à tes cheveux; or, moins que partout ailleurs, elle peut habiter là, tous tes cheveux fussent-ils hérissés comme les poils qui couvrent le dos des sangliers furieux ou bien du porc-épic qui découvre un ennemi.

SAMSON.

Je ne connais point de charmes, et je ne me sers point d'artifices défendus. Ma confiance est dans le Dieu vivant qui me donna, à ma naissance, cette force répandue, de même que la tienne, dans ces tendons solides, dans tous ces nerfs et tous ces os, tant que je conserverai intacte cette chevelure, gage de mon vœu inviolable. Pour preuve de ce que j'avance, si Dagon est ton Dieu, va à son temple, invoque pieusement et solennellement son aide, fais-lui sentir combien sa gloire est hautement intéressée à rendre vains et à rompre ces arts magiques que je déclare être seulement la puissance du Dieu d'Israël. Oui, je jette ce défi à Dagon; j'offre de te combattre, toi son champion intrépide, soutenu de tout le pouvoir de sa divinité, et alors tu verras ou plutôt tu sentiras à ton dommage lequel est le plus puissant de ton Dieu ou du mien.

HARAPHA.

Ne te fie pas trop en ton Dieu : quel qu'il soit, il ne te regarde plus, il ne te connaît plus ; il t'a complètement retranché de son peuple, il t'a livré aux mains de tes ennemis, il leur a permis de t'arracher tes deux yeux, de te jeter, enchaîné, dans la prison commune, et de t'y faire tourner la meule au milieu des esclaves et des ânes, ces compagnons de ton labeur : et à quoi, en effet, aurais-tu été bon ? Quel autre service aurais-tu pu rendre avec cette chevelure dont tu es si fier ? La valeur dédaignait de se mesurer avec toi ; l'épée d'un noble guerrier se fût souillée à ton contact ; il ne fallait, pour te vaincre, que les ciseaux d'un barbier.

SAMSON.

Toutes ces indignités, car voilà ce que je reçois des tiens, tous les maux, je les mérite, et plus encore. Je reconnais que Dieu me les infligea justement, et pourtant je ne désespère pas qu'il me pardonne enfin. Sans cesse son oreille est ouverte et son œil miséricordieux accueille toujours qui le supplie ; plein de cette confiance, je te défie de nouveau ; cette épreuve, cette lutte à mort, va décider qui de nos dieux est Dieu, ou le tien ou celui que j'adore, avec les fils d'Israël.

HARAPHA.

Le bel honneur que tu fais à ton Dieu quand tu

supposes qu'il t'acceptera comme défenseur de sa cause, toi un meurtrier, un révolté, un brigand.

SAMSON.

Géant à la parole audacieuse, prouve ce que tu viens de dire.

HARAPHA.

Ta nation n'est-elle pas assujettie à nos maîtres? Ses magistrats le confessèrent le jour où, te voyant rompre l'alliance, ils se saisirent de toi, et, tout enchaîné, te livrèrent à nos mains. N'as-tu pas commis un meurtre assez notoire sur ces trente hommes d'Ascalon qui ne t'avaient fait aucun mal? Agissant comme un brigand, ne leur ravis-tu pas ce qu'ils portaient avec eux? Tu avais rompu la paix; les Philistins s'armèrent et entrèrent en campagne; mais ils ne cherchaient que toi, et sur nul autre que toi ils ne firent tomber leurs violences ou leurs pillages.

SAMSON.

C'est entre les filles des Philistins que je choisis une épouse, et, par là, je prouvai que je n'étais point leur ennemi; les fêtes de cette union furent célébrées dans votre cité; mais vos chefs, pleins de mauvais desseins, apostèrent trente espions qui, réunis chez moi comme des hôtes et des amis, me dressèrent des embûches. Menacée par eux d'une mort cruelle, ma jeune épouse m'arracha, pour le leur révéler, le mot de cette énigme que je leur avais proposée. Les voyant se placer sur le terrain de la haine, je dus, moi aussi, quand l'occasion s'en présenta, les traiter en ennemis et je m'appropriai leurs dépouilles, afin de payer de leur monnaie perfide ceux qui semaient ainsi des piéges sous mes pas. Ma nation, il est vrai, fut assujettie à vos maîtres, mais elle ne céda qu'à la force et à la victoire, et le vaincu ne repousse-t-il pas, dès qu'il le peut, la force par la force? Mais quoi! simple citoyen que son pays livrait chargé de chaînes, comme un violateur des traités, j'avais seul osé la rébellion et commencé la guerre? Non, non, je n'étais point un simple citoyen, mais un homme suscité par le commandement du Ciel, armé par lui d'assez de force pour délivrer mon pays.

Si leurs esprits serviles ne surent point m'accueillir, moi qui leur étais envoyé comme un libérateur; si sans nulle cause ils me livrèrent à leurs maîtres, ils n'en furent que plus infâmes. N'est-ce pas pour cela que, jusqu'à ce jour, ils sont encore esclaves? Moi j'avais à remplir le rôle que m'avait assigné le Ciel, et je m'en serais acquitté si ma faute, que vous connaissez, ne s'y fût opposée plus efficacement que toutes vos forces. Tes griefs réfutés, réponds à qui te provoque. Bien que ma cécité m'interdise de viser à rien de grand, je te défie trois fois à un combat singulier. Je n'aurai point ici besoin de grands efforts.

HARAPHA.

Me mesurer avec toi! avec un condamné,

un esclave écroué, à qui la loi infligea une peine capitale ! Combattre contre toi, nul guerrier ne daignera le faire.

SAMSON.

Vain fanfaron, est-ce pour cela que tu es venu? Pour me passer en revue, pour commenter ma force et te prononcer sur elle; approche davantage et ne pars pas d'ici aussi peu renseigné; mais prends garde que ma main ne te visite à ton tour.

HARAPHA.

O Béelzebuth ! mon oreille n'est point faite à de semblables outrages; peut-elle donc les ouïr sans que je rende la mort.

SAMSON.

Nul ne t'arrête, je ne crains rien de ta main, car mon mal est sans remède; avance donc, mes pieds sont enchaînés, mais mon bras est libre.

HARAPHA.

Cette insolence veut une autre réponse.

SAMSON.

Va, misérable lâche, masse énorme dont l'intelligence est absente, de peur que malgré ces chaînes je ne m'élance sur toi et que je ne te renverse d'un seul coup de cette main, ou que, te balançant dans les airs, je ne te jette à terre, au risque de fracasser et tes flancs et ta tête.

HARAPHA.

Par Astaroth, bientôt, sous le poids des fers, du déploieras tes bravades ! *(Il sort.)*

LE CHOEUR.

Voilà que sa grandeur est partie, portant sa crête un peu plus humble : son pas est moins fier, moins rapide et plus sage ; son œil ne regarde pas de si haut, mais la colère bout dans son âme et l'étouffe.

SAMSON.

Je ne le crains pas plus que toute sa couvée de géants, bien que la renommée lui donne cinq fils, doués tous, et surtout Goliath, d'une taille colossale.

LE CHOEUR.

Il s'adressera, je le crains, aux princes des Philistins, et ses conseils, pleins de malice, les exciteront à ne rien omettre pour te persécuter plus encore.

SAMSON.

Il faudra bien qu'il allègue un motif, et ce combat auquel je l'appelai, il craindra d'en parler de peur qu'il ne s'élève cette question : s'il osa, oui ou non, accepter mon défi ; et qu'il ne l'ait pas osé, cela est assez clair ; des maux plus nombreux que je n'en éprouvai, ils auraient bien de la peine à les accumuler sur moi, et difficilement moi-même les pourrais-je supporter. Or, renonceront-ils volontairement au bénéfice de mes travaux, qui valent l'œuvre de bien des bras, et qui, payant largement ma captivité à mes maîtres, leur procurent chaque jour des profits importants. Mais quoi qu'il arrive, mon plus mortel ennemi se montrera certes le plus zélé de mes amis, si par la mort il m'arrache d'ici. Le pire qu'il me puisse apporter est ce qui vaut le mieux pour moi ; mais comme leur mobile est la haine et non le désir de me venir en aide, il peut advenir qu'en machinant ma ruine ils entraînent aussi la leur.

LE CHŒUR.

Oh! quel beau spectacle et quel réconfort pour l'âme des justes, bien longtemps opprimés, s'ils voient Dieu mettre aux mains de leur libérateur une force invincible pour dompter les puissants et les oppresseurs de la terre, la force brutale et sans frein de ces hommes violents et hardis, habiles à défendre la tyrannie, mais brûlant, dans leur fureur impatiente, de se ruer sur le juste et sur quiconque tient la vérité en honneur.

Armé de son héroïque grandeur et de la force d'en haut, le divin envoyé anéantit leur vaillance, et toutes ces munitions, qu'en des arsenaux formidables elle prit soin d'entasser, il les méprise et les rend vaines. Son attaque a des ailes ; rapide comme l'éclair, il accomplit sa mission sur les méchants qu'il surprend et qui, hors d'eux-même, ne savent plus se défendre.

Mais la patience, d'ordinaire, est la vertu des saints, l'épreuve de leur courage; elle fait de chacun d'eux son propre libérateur, elle le rend victorieux de tous les maux que déchaînent sur lui la tyrannie ou la fortune. Voilà ton partage, Samson; tu étais le plus fort d'entre les enfants des hommes; mais la vue, que l'on t'a ravie, te donnera peut-être une place entre ceux que la patience doit enfin couronner.

Ce jour, consacré à l'idole, n'a pas été pour toi un jour de repos; il a plus fatigué ton esprit que les jours de travail ne fatiguent tes mains, et pourtant de plus grands troubles, peut-être, planent encore sur nous; je découvre quelqu'un qui s'avance sur cette route; dans sa main il porte un sceptre ou un bâton brillant; d'un pas rapide il accourt; je lis l'empressement dans sa démarche, et maintenant à son vêtement je reconnais un officier public; le voici tout près de nous, son message sera court et sortira vite de sa bouche.

(Entre un officier.)

L'OFFICIER.

Hébreux, je cherche ici le prisonnier Samson.

LE CHŒUR.

On le distingue à ses chaînes, c'est ici qu'il est assis.

L'OFFICIER.

Samson, voici ce que nos seigneurs m'ont enjoint de te dire : ce jour est pour Dagon une fête solennelle, nous la célébrons par des sacrifices, des jeux et une pompe triomphale. Or, ta force dépasse, nos seigneurs ne l'ignorent pas, le niveau des forces humaines; ils demandent donc que tu en donnes des preuves devant nous tous, et qu'ainsi tu rehausses encore l'éclat de ce grand jour. Lève-toi vite et suis-moi ; prends des forces et revêts des vêtements plus beaux, afin de paraître avec décence devant nos princes illustres.

SAMSON.

Tu sais que je suis Hébreu, dis-leur donc que notre loi ne me permet point d'assister à leurs cérémonies religieuses ; telle est la raison qui m'empêche de te suivre.

L'OFFICIER.

Cette réponse, sois-en sûr, ne les contentera pas.

SAMSON.

Eh ! n'ont-ils pas des gladiateurs, n'ont-ils pas tous les artistes que l'art gymnastique a formés ? Des lutteurs, des écuyers, des coureurs, des jongleurs, des danseurs, des bouffons, des comédiens et des mimes ? Accablé sous mes fers, exténué par le labeur de la meule que je tourne pour eux, doivent-ils donc s'adresser à moi et demander leur amusement à la force d'un aveugle. Dans mon refus ne cherchent-ils pas un prétexte pour m'adresser de nouveaux reproches, me persécuter davantage, et se faire un jeu de mes maux. Retourne-t-en par le chemin où tu es venu, je n'irai pas.

L'OFFICIER.

Songe à toi, ta détermination va grandement les offenser.

SAMSON.

Que je songe à moi! non, je ne veux songer qu'à ma conscience et à la paix de mon âme. Peuvent-ils donc me croire assez brisé, assez abaissé par la servitude du corps pour que mon intelligence se soumette jamais à des ordres aussi absurdes. Ce ne serait pas assez de pâtir comme leur esclave, il faudrait que je fusse encore leur fou et leur bateleur; il faudrait qu'au sein de ma douleur et de mon angoisse, je fisse devant eux montre de mes prouesses, je jouasse devant leur Dieu, et qu'à l'excès de l'abjection, j'allasse joindre encore l'excès de l'indignité. Je n'irai point.

L'OFFICIER.

Le message dont je m'acquitte précipitamment ne souffre point de retard. Est-ce là ta détermination ?

SAMSON.

Prends-la avec la diligence que ton message exige.

L'OFFICIER.

Je déplore les suites que ton obstination entraînera. *(Il sort.)*

SAMSON.

Peut-être ton affliction, en effet, aura-t-elle un motif.

LE CHOEUR.

Réfléchis Samson, les choses en sont venues au point qu'il faut que leur trame ou demeure solide ou se brise; il est parti, et qui sait si en rapportant ta réponse il ne versera pas encore de la flamme sur le feu; attends-toi à un autre message plus impérieux, plus altier, plus foudroyant que tu ne peux le supposer.

SAMSON.

Abuserai-je de ce présent sacré, d'une force qui, après la grande faute que j'ai commise, me revient avec mes cheveux? Paierai-je ainsi ce bienfait renouvelé et ajouterai-je à mon crime plus grand encore en ne craignant pas de prostituer les choses saintes aux idoles. Moi, un Nazaréen, dans un lieu abominable, pour honorer leur Dagon, je déploierais orgueilleusement ma force! Vile, méprisable, ridicule comédie! Quel acte serait plus odieusement impie et sacrilége.

LE CHOEUR.

Avec cette force cependant tu sers les Philistins idolâtres, incirconcis et impurs.

SAMSON.

Il est vrai, mais non toutefois dans leur idolâtrie; je me borne, par un travail honnête et légitime, à gagner mon pain près de ceux qui ont mon corps en leur pouvoir.

LE CHOEUR.

Pourvu que l'âme en soit absente, les actes extérieurs ne souillent point.

SAMSON.

Oui, si la force extérieure nous y contraint, ce principe est incontestable ; mais qui me force, si l'on ne m'y traîne, d'aller au temple de Dagon? Nos maîtres, les Philistins, l'ordonnent? Un ordre est-il une contrainte? Si je leur obéis, je leur obéis librement ; je cours risque, par la crainte d'un homme, de déplaire à Dieu, de mettre Dieu derrière l'homme, l'homme devant Dieu ; et c'est là ce qui, devant les yeux jaloux du Seigneur, ne trouvera jamais grâce qu'en faveur du repentir ; et toute fois que, pour un motif important, il puisse nous autoriser à assister dans un temple à des rites idolâtres, tu ne dois pas en douter.

LE CHOEUR.

Que prétends-tu en t'y rendant, voilà ce qui dépasse la portée de mon esprit.

SAMSON.

Aie bon courage ; en moi, je le sens, commencent à s'éveiller des mouvements qui disposent mon esprit à quelque chose d'extraordinaire ; je vais suivre ce messager, mais sois-en sûr, je ne ferai rien pour déshonorer notre loi, ou pour imprimer une tache sur mon vœu de Nazaréen; si notre esprit renferme quelque chose de prophétique, ce jour se distinguera dans ma vie par quelque action éclatante; ou de mes jours il sera le dernier.

LE CHŒUR.

Tu te détermines à temps, cet homme revient.
(Entre l'officier.)

L'OFFICIER.

Samson, nos seigneurs m'ont ordonné de t'apporter ce second message : n'es-tu pas notre esclave, notre prisonnier, assujetti péniblement à tourner la meule, et tu oserais, à notre appel, à notre commandement, marchander ta venue? rends-toi sans délai à notre injonction et à notre ordre, ou nous trouverons, pour t'attaquer et t'enchaîner, des moyens si puissants que tu viendras malgré toi, fusses-tu fixé sur ta base plus fortement que le rocher.

SAMSON.

Je serais heureux de faire l'épreuve de leur art, car à plus d'un parmi eux il deviendrait fatal; mais je reconnais qu'ils ont sur moi trop d'avantages; je sais d'ailleurs qu'ils ne me traîneront point dans leurs rues comme une bête féroce; ainsi donc il ne me fâche point d'aller; c'est avec un pouvoir irrésistible que les ordres d'un maître parviennent à ceux qui leur doivent une absolue soumission, et quel est celui qui, pour la vie, ne change point ses conseils; telle est, en effet, l'inconstance des voies de l'homme. Sois sûr, toutefois, que je ne condescendrai à rien de scandaleux ou de défendu par notre loi.

L'OFFICIER.

Je loue ta détermination : qu'on lui ôte ses fers ; en consentant à ce que demandent nos maîtres, tu conquerras leurs bonnes grâces et peut-être la liberté.

SAMSON.

Mes frères adieu : je ne désire point que vous m'accompagniez, le spectacle de mes amis, me formant un cortége, les offenserait, je le crains; ma vue seule, la vue d'un ennemi autrefois redouté ne les exaspèrera-t-il pas, voilà ce que j'ignore. C'est dans le vin qu'un maître surtout se montre impérieux, et festoyé largement, le prêtre est plus prompt à s'embraser d'un zèle saint s'il croit voir, en quelque point, compromettre sa religion. Le peuple, dans ses fêtes religieuses, ne se montre pas moins impétueux, moins insolent, moins difficile à contenir. Advienne ce qui voudra advenir, comptez-y bien, vous n'apprendrez rien sur moi qui me déshonore ou me flétrisse, rien qui soit indigne de notre Dieu, de notre loi, de ma nation ou de moi-même ; mais cette épreuve est-elle ou n'est-elle pas la dernière, c'est ce que je ne puis vous garantir.   *(Il sort avec l'officier.)*

LE CHŒUR.

Va, et que le saint, le Dieu unique d'Israël te guide vers ce qui peut avant tout contribuer à sa gloire, répandre son nom, et le faire proclamer grand parmi les idolâtres; qu'il t'envoie l'ange de ta naissance, l'ange qui, après t'avoir annoncé à ta mère stérile, s'éleva du champ de ton père au milieu de la lumière; que le messager divin se tienne à ton côté, et qu'il te soit maintenant un bouclier de feu; que cet esprit qui, pour la première fois, se saisit de toi sous les tentes de Dan, aujourd'hui que tu as besoin de son aide, ne te le refuse pas: car jamais le Ciel n'accorda aux enfants des hommes une mesure de force égale à celle qui a paru dans tes actions merveilleuses. Mais pourquoi le vieux Manué vient-il avec une telle hâte? Sa démarche est celle d'un jeune homme; vous le diriez bien moins âgé que naguère; croit-il ici rencontrer son fils, ou nous apporte-t-il de bonnes nouvelles de Samson?

(Entre Manué.)

MANUÉ.

La paix soit avec vous, mes frères : ce qui m'amène ici ce n'est point l'espoir d'y trouver mon fils; je sais que les chefs des Philistins lui ont enjoint de quitter ces lieux; ils veulent qu'il se rende à leur fête et en augmente la gaîté; j'ai tout entendu comme je venais ici. La ville s'agite et bruit; la foule s'entasse, mais pour moi je n'ai point voulu m'y mêler;

je craignais de voir Samson contraint à des actions indignes de lui. Ce qui me conduit ici, c'est surtout le désir de vous faire partager mon espoir, et de vous dire mes efforts heureux pour lui rendre la liberté.

LE CHOEUR.

Cet espoir, si tu nous le fais partager, sera pour nous une grande joie; parle donc vénérable vieillard, nous avons soif de t'entendre.

MANUÉ.

J'ai sondé, l'un après l'autre, les chefs des Philistins, soit dans leurs maisons, soit dans les principales rues de la cité, alors qu'ils y passaient; mes humbles supplications, mes larmes paternelles les ont conjurés d'accepter une rançon pour mon fils, leur captif; j'en ai trouvé plusieurs qui, étrangement durs, méprisants et hautains, appuyés sur le ressentiment et la vengeance, ne m'ont laissé voir qu'une opposition ardente; ceux-là, ils honoraient surtout et Dagon et ses prêtres; d'autres, plus modérés en apparence, ne regardaient que leur intérêt personnel, pour lequel volontiers ils eussent mis à prix et Dieu et la patrie; quelques-uns, plus humains et plus généreux, me déclaraient qu'ils s'étaient assez vengés, et puisqu'ils avaient réduit leur ennemi à une misère plus grande que leurs terreurs, ils estimaient magnanime de le tenir quitte du reste, pourvu qu'on leur offrît une rançon suffisante. Mais quel est ce bruit, cette acclamation qui vient d'ébranler le Ciel.

LE CHŒUR.

Sans doute c'est le peuple qui pousse des cris de joie; il voit captif et aveugle devant lui celui qui autrefois lui inspira tant de terreur, ou bien il contemple quelque preuve de vigueur dont on lui donne le spectacle.

MANUÉ.

Sa rançon, si tout mon héritage y peut suffire, je la paierai et je la compterai de bon cœur. Vivre le plus pauvre de ma tribu, bien plutôt le choisirai-je que d'en être le plus riche et de l'abandonner dans cette affreuse prison. Non, sans lui, j'y suis résolu, je ne partirai point; pour son rachat, s'il le faut, je suis prêt à céder et à livrer tout mon patrimoine. Qu'il ne me manque pas, et rien ne me manquera.

LE CHŒUR.

Amasser pour leurs fils est la coutume des pères; toi, pour ton fils, tu vas te dépouiller de tout. Les fils, pour l'ordinaire, nourrissent leurs pères dans leur vieillesse; toi, dans ta vieillesse, tu songes à nourrir ton fils. Sa cécité l'a plus vieilli que ne le feraient les années.

MANUÉ.

Ce sera mon bonheur d'être moi-même ses yeux; de le voir assis à mon foyer, lui si grand par tous les exploits qu'il a su accomplir. Sur ses épaules se dérouleront les boucles de cette chevelure qui renfermait la puissance d'une nation armée. Ah! je me le persuade, Dieu n'eût pas permis à sa vigueur de revenir avec ses cheveux qui l'entourent comme un camp de soldats fidèles, s'il n'avait la pensée de lui demander encore quelque service éclatant. Lui faisant un don si grand, il ne le laissera pas, à l'avenir, oisif, inutile et livré aux railleries, et puisqu'avec sa vue sa force n'est point éteinte, Dieu voudra encore, avec sa force, lui rendre aussi la vue.

LE CHOEUR.

L'espérance de le voir délivré a une base solide et ne semble pas vaine; la joie que tu ressents charme ton cœur paternel, elle n'est pas loin de toi et nous la partageons.

MANUÉ.

Je connais la tendresse de vos cœurs; mais, oh quel bruit! Miséricorde du Ciel, quel bruit est-ce là, horriblement fort et bien différent des acclamations de tout-à-l'heure.

LE CHOEUR.

Un bruit, dis-tu; n'est-ce pas plutôt une plainte universelle, comme si venait à périr une maison tout entière; le sang, la mort et tout ce que fait la mort y sont rassemblés, la ruine et la destruction parvenant à leurs limites dernières.

MANUÉ.

La ruine, certes j'ai cru en ouïr le bruit. Oh! il continue, ils ont tué mon fils.

LE CHOEUR.

C'est ton fils plutôt qui les tue. Ce bruit ne peut venir du malheur d'un seul ennemi.

MANUÉ.

Ah! ce doit être quelque chose de bien terrible. Que faire? demeurer ici ou courir là-bas et voir.

LE CHOEUR.

Le mieux est de rester ici, tous ensemble, de peur que courant là-bas nous ne courrions nous jeter dans la bouche même du danger. C'est sur les Philistins que ce malheur vient de fondre; de qui pourrait venir ce cri général, que d'ici nous entendons? sous le coup qui les frappe, que pourraient-ils contre nous, et nous n'avons rien à craindre d'ailleurs : que dirions-nous si Samson (rien n'est difficile au Dieu d'Israël), recouvrant la vue par un miracle, semait le deuil parmi ses ennemis et se frayait maintenant une route sur leurs cadavres entassés.

MANUÉ.

Rêver un tel bonheur serait trop présomptueux.

LE CHOEUR.

Dieu pourtant accomplit jadis pour son peuple d'aussi incroyables merveilles; qui donc aujourd'hui peut s'opposer à lui?

MANUÉ.

Je sais qu'il le peut, mais j'hésite à croire qu'il le veuille. L'espérance, du reste, souscrit volontiers à la foi, et veut même la séduire. Mais la minute qui vient nous apportera des détails.

LE CHŒUR.

Quelle soit bonne ou mauvaise, la nouvelle sera grande ; mauvaise, elle nous arrivera plus vite, car d'une mauvaise nouvelle le courrier est rapide, tandis que le porteur d'une nouvelle heureuse se repose souvent dans sa route ; mais notre vœu est exaucé, j'aperçois un messager qui se hâte vers nous ; autant que je puis le deviner, c'est un hébreu.
(Entre un messager.)

LE MESSAGER.

Oh Dieu où courir ? en quel lieu fuir l'horrible spectacle que viennent de voir et voient encore mes yeux ! De son image épouvantable il me poursuit encore ; la Providence, l'instinct de la nature et ma raison toute troublée, que j'ai pu à peine consulter, semblent, par des moyens que j'ignore, m'avoir conduit ici, vers toi d'abord, ô vénérable Manué, et vers vous aussi ô mes concitoyens : je savais que vous n'étiez pas loin de ce théâtre d'horreur; vous ne prendrez donc que trop d'intérêt à ce fatal événement.

MANUÉ.

Il s'est passé quelque chose de grave; un

terrible cri nous l'a annoncé avant toi; mais qu'était-ce, tu ne nous le dis pas; point de préambule, nous sommes avides de t'entendre.

LE MESSAGER.

Ah! cela m'échappait; mais voici que je recouvre mon haleine et mes sens, je me rends compte de mes paroles.

MANUÉ.

Dis-nous la chose en gros, ajourne les détails.

LE MESSAGER.

Gaza n'est point par terre, mais tous ses fils sont tombés, tous en un clin-d'œil écrasés, renversés.

MANUÉ.

Triste nouvelle! mais, tu le sais, pour un Israélite il en est de plus tristes que la ruine d'une ville ennemie.

LE CHŒUR.

Commence par t'en repaître, je pourrais, Manué, te rassasier de douleur.

MANUÉ.

Ecrasés et renversés! Dis-nous par qui?

LE MESSAGER.

Par Samson.

MANUÉ.

Mes regrets diminuent et deviennent presque de la joie.

LE MESSAGER.

Oh! Manué, je lutte contre moi-même; je ne veux point te dire trop soudainement ce qui enfin viendra trop tôt ; je crains que des nouvelles mauvaises, frappant rudement l'oreille d'un vieillard, n'y pénètrent trop profondément.

MANUÉ.

Elle est pour nous une torture la nouvelle qui nous tient en suspens, parle donc.

LE MESSAGER.

Ce qu'il y a de plus triste, un mot te l'apprendra, Samson est mort.

MANUÉ.

Ce qu'il y a de plus triste, oh oui! voici que tombe à néant mon espoir de le délivrer et de l'arracher d'ici; mais la mort, qui tous nous rend libres, a payé la rançon de mon fils et acquitté sa dette. Quel vain bonheur, quel vain espoir avais-je conçus; ils avortent comme avortent les premières fleurs du printemps, que l'hiver, en s'éloignant, frappe encore de ses gelées. Mais avant que j'abandonne les rênes à ma douleur, dis-moi comment il est mort ; la mort est, à notre vie, un diadême ou un opprobre; tu me dis que tous sont tombés sous son bras; sous le bras de qui est-il tombé? Quelle main a eu la gloire de porter le coup fatal à Samson.

LE MESSAGER.

Sans que ses ennemis le blessassent, il est tombé.

MANUÉ.

Lassé de carnage, ou comment enfin, dis-le nous ?

LE MESSAGER.

Par ses mains.

MANUÉ.

Il a attenté sur lui? Quelle cause l'a porté, au milieu de ses ennemis, à s'attaquer à lui-même.

LE MESSAGER.

Une cause inévitable; en s'anéantissant, il les a anéantis; l'édifice où pour le voir ils s'étaient rassemblés, sur leurs têtes et sur la sienne, Samson l'a ébranlé.

MANUÉ.

Oh! contre toi, enfin, trop fort et trop terrible; redoutable est le chemin que tu as pris pour te venger; nous en savons assez; mais tandis que tout est confusion, toi, témoin oculaire de ce qui s'est passé du commencement à la fin, fais-nous-en, si tu le peux, un récit et plus long et plus clair.

LE MESSAGER.

J'avais dû, de bonne heure, me rendre en cette ville ; avec le soleil levant, je franchissais ses portes ; dans les principales rues, les trompettes matinales proclamaient la fête qui s'approchait ; je m'étais à peine avancé de quelques pas quand une rumeur se répandit : Samson devait être amené pour donner au peuple, dans des exercices et des jeux, la preuve de sa force ; j'avais beau plaindre sa captivité, la pensée ne me vint point de m'éloigner de ce spectacle ; un édifice était là, vaste théâtre, à demi circulaire, qui arrondissait sa haute voûte sur deux piliers pesants. L'on y voyait des siéges où les chefs des Philistins, les hommes investis du pouvoir avaient leurs places assignées pour jouir de la fête ; l'autre côté était ouvert ; des bancs, des échafauds s'y dressaient pour le peuple qui pouvait se grouper sous l'arcade du Ciel. C'est là que, personnage obscur, je me tins éloigné et perdu dans la foule. La fête et le soleil éclataient à leur midi ; le sacrifice avait rempli les cœurs de joie, de transports et de vin ; les jeux s'ouvrirent : Soudain, comme un esclave public, Samson fut amené ; il était revêtu de la livrée de l'Etat ; des flûtes et des tambourins le précédaient ; à sa droite et à sa gauche marchaient des gardes armés, les uns à pied, les autres à cheval. Devant et derrière lui des archers, des frondeurs, des cavaliers portant des cuirasses et des lances. Le peuple le voyant ébranla l'air d'une acclamation immense ; tous célébraient à haute voix le Dieu qui, de leur terrible ennemi, avait fait leur esclave; lui, calme mais indompté, il marcha vers le lieu où ils le conduisaient; l'on eut beau placer devant lui tout ce que, sans l'aide de l'œil, l'on peut soulever, attirer à soi, traîner ou mettre en pièces, il triompha de toutes les épreuves avec une force incroyable et prodigieuse, et nul n'osa se poser devant lui pour lui disputer la victoire.

Voulant enfin lui donner un peu de repos, ils le conduisirent entre les deux piliers ; lui, comme nous le rapportèrent ceux qui étaient plus près, feignant de ployer sous la lassitude, pria son guide de lui laisser un instant appuyer ses bras sur les deux lourds piliers qui supportaient la voûte ; ne soupçonnant rien, le guide y consentit. Alors qu'il sentit les piliers dans ses bras, Samson un instant inclina la tête et se tint immobile comme un homme qui prie ou qui dans sa pensée roule un vaste dessein. Levant enfin la tête, il cria à haute voix : mes Seigneurs, j'ai accompli j'usqu'ici ce que vos ordres m'imposaient, et je vous ai obéi comme l'exigeait la raison. A me voir, vous éprouviez et plaisir et surprise.

Maintenant, et de moi-même, je veux vous donner un autre témoignage de ma force, un témoignage plus grand et qui frappera de stupeur tous ceux qui le verront. Parlant ainsi, il se pencha, tendit tous ses muscles, et avec la force des vents et des eaux qui ne trouvant point d'issue font trembler les montagnes, avec d'horribles secousses, ces deux massifs piliers il les secoua en avant et en arrière et il les ébranla à ce point qu'ils tombèrent et entraînèrent après eux avec le bruit de la foudre la voûte toute entière sur ceux qu'elle couvrait, seigneurs, dames, capitaines, conseillers, prêtres, l'élite de leur noblesse, la fleur non seulement de cette ville, mais de toutes les villes d'alentour, accourue de tous côtés pour solenniser la fête : confondu avec eux, Samson appela sur lui la ruine inévitable qui tombait sur leurs têtes. Ceux-là seuls furent sauvés qui se tenaient au dehors.

LE CHŒUR.

O vengeance achetée bien cher ; glorieuse vengeance toutefois ! dans la vie ou dans la mort, tu pus accomplir l'œuvre pour laquelle on t'annonça à Israël, et maintenant que tu reposes vainqueur entre ceux que tu immolas, tu es tombé sous tes coups ; non que tu voulusses te frapper toi-même, mais une cruelle destinée t'enveloppa dans ses plis ; sa loi t'a réuni dans la mort à tes ennemis renversés, et ils dépassent par leur nombre ceux auxquels, quand tu vivais, tu fis mordre la poussière.

PREMIER DEMI-CHŒUR.

Tandis que leurs âmes pleines de joie et d'arrogance s'enivraient d'idolâtrie et s'enivraient de vin, tandis que ces hommes savouraient la graisse des boucs et des taureaux, qu'ils chantaient leur idole, qu'ils s'exaltaient au-dessus de celui qui est vivant, de celui que nous craignons et qui habite à Silo, son sanctuaire magnifique, il leur envoya, lui, un esprit d'égarement qui vint frapper leurs esprits et leur souffla le fatal désir d'appeler au milieu d'eux celui qui devait les perdre. Ils étaient là, ne songeant qu'à se livrer aux rires et aux jeux, et sans le savoir, importunant leur ruine pour que sans délai elle fondît sur leurs têtes. Stupidité des mortels, sur lesquels tombe le courroux divin ! ils vont jusqu'à appeler leur propre destruction sur eux. Livrés à leur sens réprouvé, frappés d'un aveuglement intérieur, ils demeurent insensés.

SECOND DEMI-CHŒUR.

Mais Samson, quoiqu'aveugle, méprisé, regardé comme éteint et comme anéanti, a été illuminé par l'œil intérieur de l'âme ; il a réveillé sa fière vertu sous la cendre qui la couvrait ; il l'a fait éclater en une flamme soudaine, comme le dragon qui le soir fond sur la branche où repose l'oiseau familier du laboureur et sur les nids qu'il voit rangés en ordre dans la ferme ; tel qu'un aigle, il a lancé dans un ciel serein la foudre sur leur tête ; ainsi quand vous l'estimez perdue, quand elle vous paraît écrasée et anéantie, semblable à cet oiseau unique au monde, qui s'engendre lui-même dans les forêts de l'Arabie et se place sur son bûcher jusqu'à ce que, victime volontaire, il revive et refleurisse du sein de ses cendres fécondées, la vertu, quand nous croyons que c'en est fait d'elle, nous montre toute sa force ; elle voit mourir son corps, mais sa renommée survit, et traverse, oiseau immortel, de longs siècles de gloire.

MANUÉ.

Venez, venez : si nous n'avons plus le temps,

nous n'avons pas beaucoup plus de raison de nous lamenter maintenant. Samson s'est acquitté de ce qu'il se devait à lui-même; il a, comme il convenait à Samson, terminé héroïquement une vie héroïque. Vengé pleinement de ses ennemis, il a, sur tout le territoire des Philistins, laissé des années de deuil et de pleurs aux enfants de Kaphtor. A Israël il a laissé l'honneur et la liberté, pourvu qu'Israël trouve en lui le courage de tirer profit de ces instants propices; il a laissé à lui-même et à la maison de son père une renommée éternelle, et, ce qu'il y a de meilleur et de plus heureux, il a fait tout cela avec l'aide de Dieu, qui ne l'avait point abandonné comme nous le craignions, mais qui l'a favorisé et assisté jusqu'à la fin. Non, il n'est rien ici pour les pleurs, rien pour nous lamenter et nous frapper la poitrine, rien de faible, rien de bas, rien de honteux et de coupable, rien qui ne soit beau dans une mort si noble, rien que ce qui peut nous apporter le calme.

Allons chercher son corps là où il repose, trempé dans le sang de ses ennemis. Pour laver le sang qui s'est figé sur ses plaies, apportons les herbes odorantes et l'eau pure de la source; quant à moi, je vais en hâte (Gaza, en effet, ne saurait nous opposer un refus) chercher tous mes parents et tous mes amis pour l'emporter loin d'ici, et accompagner silencieusement son funèbre convoi jusqu'à la maison de son père; là je lui élèverai un tombeau, et, pour le couvrir d'une ombre glorieuse, j'y planterai le laurier toujours vert et le palmier au vaste ombrage; j'y suspendrai ses trophées.

De longues inscriptions rappelleront ses exploits, et la lyre les redira en des chants harmonieux. Là se rassemblera notre vaillante jeunesse, et au souvenir de Samson elle enflammera son cœur d'une valeur incomparable et s'excitera elle-même aux exploits les plus hauts. Les vierges, dans les jours de fête, visiteront sa tombe avec des fleurs, et elles pleureront son sort si funeste dans le choix d'une épouse qui lui fit perdre ses yeux avec sa liberté.

LE CHOEUR.

En vain en doutons-nous; trop souvent le mieux est ce que déroule l'inscrutable conseil de la sagesse éternelle, et toujours, à la fin, nous le reconnaissons tel. Le Très-Haut, maintes fois, semble voiler sa face, mais inopinément il reparaît à nos yeux; lorsque l'heure en est venue, il a glorieusement rendu témoignage à son champion fidèle; de là le deuil de Gaza et de tous ceux qui se liguent pour résister à ses volontés, que nul ne peut combattre. Riches de cette leçon et des vérités qu'ils viennent de puiser dans ce grand événement, ses serviteurs se retirent calmes et pleinement consolés; Dieu éteint dans leur cœur tout ce qui y portait le trouble, et il y fait régner la paix.

FIN.

Oberthur, à Rennes. — Imp. et Lith. par vapeur.

OUVRAGES DU MÊME AUTEUR

ROME ET JÉRUSALEM, in-8º.
HISTOIRE DE L'ÉGLISE, 2 vol. in-8º.
POÉSIES, in-8º.
DIEU LA VEUT-IL ? in-32.
ROBERT DU TEILLEUL, in-8º.
MANUEL DE St-AUGUSTIN, in-32.
UNE MOITIÉ DE FABLE, in-32.
HISTOIRE DE LA VIE
ET DES OUVRAGES DE HUET, in-8º.
MÉLANGES DE LITTÉRATURE
ET MORALE, in-12.
ALCESTE, in-12.
MORTAIN, in-12.
LA CHAUMIÈRE DE SIOUAH, in-18.
APOLLONIUS DE TYR, in-32.
SEPT HISTOIRES, in-32.
LE LIBRE ÉCHANGE, in-8º.
L'ÉLITE, in-32.
LE PAPE PRINCE ITALIEN, in-8º.

Sous presse :
MARIE.
Pour paraître prochainement :
UN ROYAUME EN PAIX.

(Librairie Lecoffre, rue du Vieux-Colombier. — Paris.)